111 Trees

How One Village Celebrates the Birth of Every Girl

Rina Singh
Marianne Ferrer

CitizenKid™

A collection of books that inform children about the world and inspire them to be better global citizens

Kids Can Press

This one is for Julian, Ethan, Quentin and Auden — the future eco-feminists — R.S.

For you, the light that makes everything grow — M.F.

Published in Canada and the U.S. by Kids Can Press Ltd.
25 Dockside Drive, Toronto, ON M5A 0B5

Kids Can Press is a Corus Entertainment Inc. company

www.kidscanpress.com

The artwork in this book was rendered in watercolor, gouache and graphite.
The text is set in Colby.

All photos courtesy of Rina Singh.

Edited by Jennifer Stokes
Designed by Marie Bartholomew

Printed and bound in Buji, Shenzhen, China, in 11/2021 by WKT Company

FSC www.fsc.org MIX Packaging from responsible sources FSC® C010256

CM 20 0 9 8 7 6 5 4 3

Library and Archives Canada Cataloguing in Publication

Title: 111 trees : how one village celebrates the birth of every girl / Rina Singh ; Marianne Ferrer.
Other titles: One hundred and eleven trees
Names: Singh, Rina, 1955- author. | Ferrer, Marianne, 1990- illustrator.
Series: CitizenKid.
Description: Series statement: CitizenKid
Identifiers: Canadiana 20190215852 | ISBN 9781525301209 (hardcover)
Subjects: LCSH: Sex discrimination against women — India — Juvenile literature.
| LCSH: Sex discrimination against women — India — Prevention — Juvenile literature.
| LCSH: Women's rights — India — Juvenile literature. | LCSH: Equality — Juvenile literature.
| LCSH: Feminism — Juvenile literature.
Classification: LCC HQ1237.5.I4 S56 2020 | DDC j305.420954 — dc23

Kids Can Press gratefully acknowledges that the land on which our office is located is the traditional territory of many nations, including the Mississaugas of the Credit, the Anishnabeg, the Chippewa, the Haudenosaunee and the Wendat peoples, and is now home to many diverse First Nations, Inuit and Métis peoples.

We thank the Government of Ontario, through Ontario Creates; the Ontario Arts Council; the Canada Council for the Arts; and the Government of Canada for supporting our publishing activity.

Preface

Not too long ago, a village in India was ruled by ancient customs. There, the birth of a boy was celebrated with the beating of pots and pans and the sharing of sweets. A son was a blessing from the gods, someone who would carry on the family name and take care of aging parents.

The birth of a girl was welcomed with silence. A daughter was a burden, someone who would cost parents a dowry (money given to the groom's family) when she got married and who would become the property of her husband.

But today, things are different in that village.
Today, 1 girl = 111 trees.
This story is true, and it started with a boy named Sundar.

Sundar watches how his mother balances the water pot on her head. Walking to the well with her every day in the blistering heat is hard, but it's his favorite thing to do. It's the only time he has her all to himself. On the way back, they stop under some trees, and she asks him to collect pieces of firewood for cooking.

He sees her smile at him through her veil.

At night, Sundar feels his mother's wet cheeks as she hushes him and his two hungry sisters to sleep.

Their mud house is too small for his family of eleven.

One night, Sundar's mother is bitten by a poisonous snake. In the morning, she doesn't wake up. The villagers come to the door, wail loudly and take her away. And just like that, his mother is gone.

After this, whenever Sundar sees women walking to the well, he runs to wrap his arms around a tree, pretending to hug his mother.

Years pass.

Sundar grows up, marries and becomes a father. He has two daughters and a son, and he and his wife raise them with equal love and joy.

As his children grow, he teaches them the names of trees and birds.

He shows them how their lives depend on the natural world.

He guides them to embrace all forms of life.

Sundar works as a laborer in a marble factory not far from his village. The process of mining the marble strips the soil, dumps waste into the land and leaves the landscape dry and barren, making any kind of farming difficult.

He asks the factory owners to plant trees to make up for the harm they are doing to the countryside, but they refuse. Sundar begins to fear for the future well-being of his village. He is so angry that he leaves his job.

Sundar brims with ideas to make life better for the people of his village. He wants no one to live in fear of hunger. He wants all children — boys *and* girls — to go to school and not spend their childhoods working the fields or fetching water. He wants to heal the land ravaged by irresponsible mining. He dreams of planting trees.

He runs in the election to become *sarpanch*, the village head, and he wins.

One year later, his older daughter dies after a brief illness. Sundar is heartbroken. He shuts himself in a room and cries for twelve days. On the thirteenth day, he comes out and plants some saplings, burying his grief into the earth.

Sundar imagines the saplings growing into magnificent trees that will live for hundreds of years. And with them will live the memory of his daughter.

All of a sudden, Sundar knows what he has to do.

Every **GIRL**

born in the village will be welcomed with the planting of

111 trees.

Sundar shares his idea with the men and women of the village.

The villagers think Sundar has lost his mind. They reject his plan. It's against their tradition to honor girls. They argue. They are afraid the world will laugh at them. They don't understand this new way of thinking.

But Sundar keeps talking to the villagers. He shows them how the factory is slowly destroying the land. He tells them of other nations where girls and boys are treated equally, where there is plenty of water and electricity and enough wealth and knowledge to go to the moon. He even offers to plant the trees in the girls' names himself — *if* the villagers promise to send their daughters to school and wait to marry them off until they turn eighteen.

Slowly, very slowly, the villagers begin to understand that by welcoming girls and planting trees, they might bring balance back to nature.

They worry about the water the trees will need, but Sundar has a plan for that, too. He brings in engineers from the city, and the villagers learn how to harvest rain by digging trenches to store water — water that can also be used for drinking. When termites infect some of the trees, the women grow aloe vera plants to cure them.

Soon, the men see that women no longer have to walk for hours to fetch water. The women see that their children are no longer hungry. The trees are making life better for everyone. The villagers begin to place their trust in Sundar.

And every time a girl is born, the villagers plant 111 trees.

The trees and the girls grow up together. Mothers and daughters take care of the trees. At the end of every summer, girls tie sacred threads around the trunks to renew their bonds with them.

The village prospers, and the trees continue to grow. Today, mango, papaya, neem, sheesham and amla trees line the roads and cascade down the hillsides.

There is enough water for everyone in the village. Girls go to school and learn along with the boys. And to this day, every time 1 girl is born, 111 trees are planted.

More about Sundar and Piplantri

Shyam Sundar Paliwal loves trees. If you meet him and ask to take his photo, he will quickly wrap his arms around the nearest one.

Piplantri is a small village in the desert state of Rajasthan, India. When Sundar was elected as its *sarpanch*, or village head, Piplantri was dusty and had been deforested by Asia's largest marble industry. Having once worked in the marble mines, Sundar knew firsthand how mining for marble was hurting the countryside. As *sarpanch*, he hoped to find a way to heal the land.

One year after being elected, Sundar lost his older daughter, Kiran, to dehydration. While mourning for her, he came up with the idea of celebrating her life by planting trees in her memory.

And then he had another idea:

Why just my daughter?

Why not *all* daughters?

Sundar Paliwal surrounded by trees

Why 111 Trees?

With a stick, Sundar made three lines on the ground for the three things that came to his mind: Daughter, Water, Trees.

And the magic number 111 stayed with him.

But when he proposed to the villagers that the birth of every girl child be celebrated with the planting of 111 trees, they protested. Sundar's idea was baffling to them. Honoring girls went against age-old customs and beliefs.

What Is Gender Inequality?

Gender inequality is when one gender is favored over another by individuals, families and communities. In India, all studies show that gender inequality has been part of everyday life for centuries. India was originally an agricultural, or farming, society, where an extra pair of male hands was valued in the fields, so the birth of a boy was a cause for celebration. A girl, however, was considered a disappointment and a burden. For a girl, families had to come up with money for a dowry (money given to the groom's family), and they often could not afford to give a daughter an education.

This gender bias, formed centuries ago, continued into modern times and crept into all walks of life in India.

Sundar learned that Rajasthan had a shameful record of not taking care of its girls. Many died at birth or after because of neglect and malnutrition, and many others didn't have the chance to be born at all. With new advances in science, parents were able to find out the sex of their unborn child. If the child was a girl, they often chose not to go ahead with the pregnancy.

Sundar's Plan

Despite the villagers' protests, Sundar was not one to give up. He proposed that when a girl was born, villagers donate 21 000 Indian rupees ($295 USD), and the family of the girl donate 10 000 Indian rupees ($140 USD). This money would be invested for eighteen years, after which it could be used for the girl's education or wedding expenses.

In some Indian villages, girls as young as ten are given away in marriage. Sundar wanted to put an end to this cruel practice. He asked the family of every girl born in Piplantri to sign papers promising to send their daughter to school and not marry her off before the legal age of eighteen.

The family and the entire community also had to ensure that the 111 trees remained healthy and grew along with the girl.

The girls and women of Piplantri tie prayers and sacred threads to the trees.

Aloe vera grows in abundance.

Aloe Vera

To keep the trees healthy, the villagers planted aloe vera plants, a natural termite repellent, around them. The aloe vera grew in abundance — and the women saw a business opportunity. They turned the plants into health products to sell.

For the first time, the women of Piplantri have a way to earn a livelihood.

The tall trees of Piplantri

Extraordinary Change

Today, more than a quarter of a million trees cover Piplantri. The once barren land has become fertile. The birds and other animals have returned. Brick houses have replaced mud homes. The roads are paved and clean and have streetlights.

People of India still struggle to protect their environment, and it might be a long time before everyone welcomes the birth of little girls and boys with equal delight — but the story of Piplantri is triggering a change. The government of India honored Piplantri with the President's Award in 2007 and declared it a model village.

Shyam Sundar Paliwal is a pioneer and continues to be an activist and ally in the field of eco-feminism, a movement that connects feminism — the belief that women and men should have equal rights and opportunities — to the environment. He believes there is a sacred connection between Daughter, Water and Trees. When the bond between them is strengthened, extraordinary change can take place.

Like it did in Piplantri.

How Did Sundar Become an Eco-Feminist?

Sundar lost his mother at a very young age, and his father raised him to respect all living things. When Sundar's daughters were born, he could not understand why the people he knew preferred boys to girls.

It was when he lost his own daughter that he decided to encourage a new way of thinking.

A desert transformed into a forest

Are You an Eco-Feminist?

Do you care about the environment?
Do you want to become eco-friendlier?
Do you want boys and girls to be treated equally?
Do you think that all living things should be treated with respect and dignity?

If you answered yes to these questions, you are already an eco-feminist! Now it's time to take action! Find out more about organizations that fight to protect the environment and promote equality for girls:

Plan International is a member of a global organization dedicated to advancing children's rights and equality for girls. Visit plan-international.org/because-i-am-a-girl and read about their Because I am a Girl campaign.

Girls Not Brides is a global partnership committed to ending child marriage and enabling girls to fulfill their potential. Visit girlsnotbrides.org.

One Tree Planted is an environmental charity dedicated to making it easier for individuals and businesses to help give back to the environment and create a healthier climate. All by planting trees! Visit onetreeplanted.org.

Tree Canada has helped plant more than 82 million trees in Canada and is dedicated to improving the lives of Canadians by planting and nurturing trees while teaching about the value of trees. Visit treecanada.ca.

Get involved!

OB

LE MONDE EXPLIQUÉ AUX VIEUX

10/18

12, AVENUE D'ITALIE. PARIS XIIIe

Sur l'auteur

Né en 1984, Blaise Mao est rédacteur en chef adjoint du magazine *Usbek & Rica*. Après des études d'anglais et d'histoire à Paris IV, puis un master de journalisme à Sciences-Po Paris, il a travaillé au *Parisien* et à *Géo*. Il a rejoint « le magazine qui explore le futur » en 2010, quelques mois avant la sortie du premier numéro. Il est spécialiste des questions d'environnement, de culture et de nouvelles technologies. *Les Jeux vidéo* est son premier livre.

BLAISE MAO

LES JEUX VIDÉO

INÉDIT

10
18

Usbek & Rica

Dans la même série
LE MONDE EXPLIQUÉ AUX VIEUX

Facebook, n° 4593
Lady Gaga, n° 4595
La Solitude, n° 4594
La Violence, n° 4592
Le Vintage, n° 4760
► *Les Jeux vidéo*, n° 4767

ISBN 978-2-264-06162-1

Sommaire

Introduction

LE JEU VIDÉO, CET ILLUSTRE INCONNU

« Pour mes vacances, je suis parti en Suisse, dans la région d'Interlaken, [...] j'ai pris la direction de la grande attraction du pays (au vu du nombre de touristes asiatiques) : le Jungfraujochbahn. Derrière ce nom barbare se cache le train le plus haut d'Europe. [...]

Avant d'y arriver il faut faire escale dans le petit village de Kleine Scheidegg, pour changer de train. Un endroit complètement isolé, que l'on ne peut atteindre que par le train ou à pied. Un endroit dont je n'avais jusque-là jamais entendu parler, et dont à vrai dire je ne soupçonnais pas l'existence. Et pourtant une chose étrange se produisit : je m'y sentais comme chez moi. Je savais très bien que derrière la gare se trouvaient les deux bâtiments de l'hôtel Bellevue des Alpes, que la voie de chemin de fer obliquait vers la droite, que les trains sont ici rouges, et qu'au restaurant on peut déguster un excellent rösti.

Une seule chose clochait : normalement, un peu en contrebas, il doit y avoir une route. Une longue ligne droite avec une bosse sur laquelle les voitures décollent des quatre roues, suivie de quelques terribles épingles, un pont, une intersection, de longues courbes en tunnel, et retour à la case départ. Le tout avec vue imprenable sur la face nord de l'Eiger que je contemple pourtant au même moment – ou, comme c'est écrit en suisse allemand sur le panneau, l'Eigernordwand.

La révélation fait l'effet d'un choc. J'ai traversé l'écran pour me retrouver parmi les spectateurs d'une course sur Eigernordwand, le plus beau (et peut-être le plus technique) circuit de *Gran Turismo 5 Prologue*. Et tout, oui, tout, est identique au jeu : les bâtiments, les trains, le décor de fond, même le relief de la piste… Sauf que le circuit n'existe pas : à sa place il n'y a que des pâturages. […]

Depuis, ma vie a changé. Je sais que les studios Polyphony n'ont rien inventé, et que ce monde que je croyais virtuel existe, quelque part[1]. »

À l'instar de Marcel Proust, Yan-Alexandre Damasiewicz a trouvé sa madeleine. Mais la sienne n'a pas le goût de l'infusion de tilleul qu'appréciait de siroter la tante Léonie de l'écrivain, le dimanche matin. Elle a plutôt celui, moins mélancolique et bien plus réjouissant, des heures passées, manette en main, à jouer les Fangio au volant d'une Aston Martin DB7 virtuelle. Découvrir le monde grâce au jeu vidéo, à travers le filtre de l'écran, avant de l'éprouver dans la réalité... À première vue, cette expérience troublante semble tout droit sortie d'un mauvais scénario de science-fiction. Elle n'est pourtant pas aussi insolite qu'elle en a l'air. Comme Yan-Alexandre, fanatique d'automobile et de jeux vidéo, des millions d'individus appréhendent aujourd'hui le monde au travers d'expériences ludiques. Ou, plus exactement, vidéoludiques. Car le jeu vidéo, ce loisir tant décrié, occupe désormais une place centrale dans nos vies. Ni la littérature, ni le cinéma, ni la bande dessinée, ni aucune autre culture n'a connu d'évolution et de démocratisation aussi fulgurantes. En à peine un demi-siècle d'histoire, ce loisir adolescent, né dans les laboratoires du Massachusetts Institute of Technology (MIT), a muté en une culture populaire qui transcende les frontières géographiques, les barrières sociales et les classes d'âge.

La montée en puissance du jeu vidéo tient, en partie, à sa nature insaisissable et multiforme. Est-ce un programme informatique ? un jouet ? un bien culturel ? un média ? un objet d'art ? Le jeu vidéo est un peu tout cela à la fois, et beaucoup plus encore. C'est un divertissement qui exige de l'investissement, une activité foncièrement inutile qui peut s'avérer utile, un loisir récréatif qui se révèle aussi éducatif. « C'est un programme qui génère des graphismes avec lesquels on interagit en temps réel. On a une action avec ce qui se passe à l'écran. [...] On interagit via une interface, aujourd'hui graphique, et cela pour s'amuser, pour le plaisir et non pour produire quelque chose[2] », écrit le philosophe Mathieu Triclot, dans une tentative de définition exhaustive de l'objet vidéoludique.

Il existe mille et une façons de jouer aux jeux vidéo. Certains joueurs passent des heures à dégommer des zombies ou à rejouer les grandes batailles de la Seconde Guerre mondiale. D'autres préfèrent explorer en ligne des univers médiévalo-fantastiques à la tête d'une guilde de trois cents participants. Il en existe aussi qui s'agitent sur la chorégraphie de *Gangnam Style* devant la caméra de leur console Kinect. Ou bien qui dégainent leur téléphone à tout bout de champ pour découper des fruits exotiques avec un sabre ninja. Dans la grande famille des *gamers*, riche de plus d'un milliard de membres à travers le monde, on joue pour passer le temps, fuir un quotidien déprimant, explorer de nouvelles identités ou booster son ego. Mais l'on joue d'abord et avant tout pour s'amuser. Dénominateur commun de tous ces univers virtuels, le *fun* s'impose ainsi comme le mantra des débuts de la civilisation numérique, une nouvelle valeur incontournable qui, petit à petit, remplace le travail comme centre de gravité de notre existence. D'ailleurs, signe des temps, les communicants ne jurent plus que par la *gamification*, c'est-à-dire le transfert des mécaniques du jeu dans des espaces *a priori* non ludiques comme l'école, la politique et surtout l'entreprise. La prophétie du philosophe

Jacques Henriot prend corps : le jeu monte en puissance dans toutes nos activités sociales.

Le jeu vidéo ne sort pas de nulle part. Il s'inscrit, au contraire, dans la grande tradition du jeu. Les bornes d'arcade – ces meubles proposant un jeu vidéo payant – ne sont, finalement, que les descendantes directes des premiers flippers d'avant-guerre. Les jeux en réseau du type *World of Warcraft*, dans lesquels le joueur prend part à des quêtes héroïques à travers son avatar, sont les héritiers virtuels des jeux de rôle et des « livres dont vous êtes le héros », à la mode au début des années 1980. Quant à *Call of Duty* et *FIFA*, les deux produits culturels les plus vendus en France en 2011 d'après le Syndicat national du jeu vidéo, ce sont des simulations de guerre et de football, thématiques ludiques on ne peut plus classiques. Le jeu vidéo « recycle la culture ludique traditionnelle, mais il augmente la puissance de l'expérience[3] », constate le sociologue Vincent Berry. Il recèle un pouvoir d'amusement qui en fait la culture dominante de la génération Y (celle des *digital natives* ayant grandi en même temps que le développement d'Internet), et surtout de la génération Z (celle de leurs enfants, qui n'ont connu ni le Minitel, ni le modem, mais sont nés connectés et ont été biberonnés aux écrans). D'ailleurs, les jeux vidéo constituent bien souvent le premier point de contact entre ces enfants et la technologie. À condition d'être guidés plutôt que livrés à eux-mêmes, les jeunes joueurs peuvent alors apprendre à apprivoiser l'espace numérique, à en comprendre les codes et les usages, à en cerner les limites, à en avoir une utilisation raisonnée et raisonnable. Le jeu vidéo devient alors ce « tuteur de développement[4] » dont parle le psychiatre Serge Tisseron. Pourtant, la plupart des parents, même ceux qui ont fréquenté les salles d'arcade dans leurs jeunes années, continuent d'y voir une menace pour leur progéniture.

Le problème avec le jeu vidéo, c'est que ce sont souvent ceux qui y jouent le moins qui en parlent le plus. Il est la cible de discours normatifs et passionnels, mais plus rarement d'analyses pertinentes et objectives. En général, chacun a un avis bien tranché sur la question : les jeux vidéo, on adore ou on déteste. Et le plus souvent, on déteste. Les accusations sont toujours les mêmes : ils rendent idiot, asocial, violent et accro. Des stéréotypes qui, à force d'être martelés, ont fini par s'ancrer solidement dans l'inconscient collectif. Ironie de l'histoire, avant d'être reconnus à leur juste valeur, la littérature et le cinéma ont eux aussi été accusés de désocialiser et d'abrutir la jeunesse… Pourtant, si l'on prend le temps de considérer les jeux vidéo avec la distance nécessaire, sans chercher à les légitimer ou à les dénoncer à tout prix, aucune des tares dont ils sont affublés ne se révèle justifiée. Au contraire, sociologues et scientifiques leur découvrent chaque jour de nouvelles vertus. Aujourd'hui, nous savons qu'ils permettent d'élargir les interactions sociales et d'acquérir toute une gamme de savoirs et de compétences que l'école n'enseigne pas. Un nombre croissant de psychothérapeutes les utilisent même comme médicaments virtuels pour soigner l'autisme, l'hyperactivité ou encore la dépression.

Longtemps toisé avec mépris par le monde culturel, le jeu vidéo commence tout juste à être reconnu. Il s'incruste dans la presse non spécialisée, devient un champ d'études universitaires et les musées les plus prestigieux lui ouvrent leurs portes. Pourtant, malgré cette amorce de légitimation, son irrésistible ascension fait encore grincer des dents. Et les pires clichés continuent d'être entretenus par tous ceux qui n'entendent pas grand-chose à la frénésie ludique de notre temps. Alors, quand ils voient leur enfant hypnotisé par un écran, beaucoup de parents s'affolent. Effrayés par l'indéniable pouvoir de séduction des mondes virtuels, ils se sentent dépassés parce qu'ils ne possèdent pas les codes nécessaires pour décrypter ces univers et en discuter avec les intéressés.

Que les parents inquiets et les *gamers* complexés se rassurent : le jeu vidéo n'est pas une activité dangereuse ou malfaisante. C'est une pratique culturelle passionnante, riche, complexe, qui mérite d'être explorée dans ses moindres recoins pour mieux comprendre la période historique à la fois troublante et exaltante que nous vivons. Par quel miracle Mario est-il devenu plus célèbre que

Mickey dans les cours de récréation ? Pourquoi y aura-t-il bientôt plus de *gameuses* que de *gamers* ? Comment expliquer que la première industrie culturelle mondiale ait toujours mauvaise presse ? Le monde est-il devenu un immense bac à sable virtuel dans lequel enfants et adultes sont destinés à patauger pour toujours ? La génération Z ne risque-t-elle pas d'être victime d'une overdose ludique ? Autant de questions qu'il faut se poser dès aujourd'hui pour mieux cerner ce qui constituera, à n'en pas douter, le loisir ultime et la culture dominante du XXIe siècle.

Chapitre 1

UNE BRÈVE HISTOIRE DES JEUX VIDÉO

En seulement cinquante ans, le jeu vidéo a imposé ses codes, ses héros, sa culture. De *Spacewar* à *Angry Birds*, de *Mario* à *Pikachu*, des salles d'arcade aux plates-formes de téléchargement, retour sur l'épopée mouvementée du plus fascinant des divertissements.

L'estimation vaut ce qu'elle vaut, mais elle donne une idée de l'ampleur du phénomène : il y aurait à ce jour moins d'oiseaux recensés dans la nature que de volatiles lancés chaque jour dans *Angry Birds*… En mai 2012, le jeu pour smartphone conçu par l'éditeur finlandais Rovio a dépassé le milliard de téléchargements. Du jamais vu dans l'histoire encore fraîche du jeu vidéo. De New York à Dubaï, de Hong Kong à Dakar, ils sont des millions à balancer tous les jours des « oiseaux en colère » sur de vilains cochons verts à l'aide d'un lance-pierre virtuel. Grâce à la révolution numérique, même un jeu simpliste peut désormais transcender les frontières et les cultures. Pour saisir toutes les nuances de cette démocratisation du jeu vidéo, un retour dans le temps s'impose.

Du laboratoire au salon

Il aura fallu seulement trois mois à Steve Russell pour concevoir les deux mille lignes de code du programme *Spacewar*. Suffisant pour pouvoir jouer à *La Guerre des étoiles* sur ordinateur avec ses amis du « Tech Model Railroad Club », une bande de *geeks* fans de trains électriques qui squatte à l'époque les laboratoires du prestigieux MIT. Nous sommes en 1962 et Russell vient de mettre au point le premier jeu vidéo digne de ce nom. Mais pas question pour lui de déposer un quelconque brevet : *hacker* dans l'âme, Russell est un bidouilleur de génie qui veut simplement programmer en s'amusant. Avant lui, d'autres visionnaires ont déjà détourné les codes de la culture ludique pour faire de l'écran un nouveau support de divertissement. Ces pionniers s'appellent Thomas T. Goldsmith et Estle Ray Mann, ingénieurs employés par un fabriquant de tubes cathodiques, qui déposent dès 1948 un brevet pour un jeu de tir archaïque utilisant des calques comme cibles : le *Cathode Ray Tube Amusement Device* (« système d'amusement cathodique »). Inconnus dans les années 1950, Alexander S. Douglas et William Higinbotham sont les autres pères fondateurs du jeu vidéo. Le premier pour avoir conçu *OXO*, un programme permettant de jouer au morpion contre l'ordinateur avec le cadran de son téléphone. Le second pour avoir mis au point *Tennis for Two*, un jeu consistant à tourner une molette pour taper dans une balle virtuelle sur l'écran d'un oscilloscope.

Mais pour voir sortir le jeu vidéo des laboratoires universitaires et partir à la conquête du grand public, il faut attendre les années 1970 et l'avènement des bornes d'arcade. Ces meubles, aux airs de juke-box de jeux payants, fleurissent alors dans les bars à la place des flippers. Puis bientôt dans les centres commerciaux, les laveries automatiques et même les salles d'attente des dentistes… C'est la société Atari qui décroche le jackpot en 1972 avec *Pong*, un jeu de ping-pong instinctif qui exige du joueur vitesse et habileté pour déplacer verticalement sa raquette virtuelle. Une semaine après l'installation de la borne prototype dans un bar de Sunnyvale, en Californie, le jeu « plante » déjà car le réceptacle à pièces de 25 cents est plein à craquer… Pour satisfaire la demande populaire, des centaines de clones de *Pong* voient le jour. Avec l'arcade, le jeu vidéo devient une marchandise, un produit culturel, un divertissement de masse qui s'exporte facilement. À tel point qu'en 1978 le gouvernement nippon doit quadrupler la fabrication de pièces de 100 yens pour répondre à une pénurie de petite monnaie. L'arcade est aussi un business lucratif : leader du marché, Atari embauche créateurs et développeurs à tour de bras pour éditer ses propres jeux. La société de Nolan Bushnell connaît même l'ascension la plus fulgurante de l'histoire de l'économie américaine : en 1971, Atari ne compte que deux employés et 500 dollars de capital ; cinq ans plus tard, elle est rachetée par Warner Communications pour 28 millions de dollars !

Si les puristes ne jurent que par l'arcade, la console de salon apparaît dans les années 1970 comme une alternative moins onéreuse à long terme, même s'il faut débourser 99 dollars pour acquérir l'Odyssey, sortie en 1971. Cette boîte cubique permet de jouer à une variante de *Pong* en manipulant une manette aux airs de grille-pain. Elle est livrée avec des *overlays*, feuilles plastifiées figurant une patinoire ou un court de tennis, à appliquer sur l'écran du téléviseur familial pour égayer les parties. Un carnet est aussi fourni pour noter les scores, qu'on est encore bien incapable à l'époque de faire apparaître à l'écran...

Fort heureusement, la puissance des machines s'améliore rapidement. Mais entre le curseur coulissant du Tele-Spiel de Philips, le joystick multidirectionnel de la Fairchild et la télécommande à douze boutons de l'Intellivision de Mattel – oui, le père de la poupée Barbie –, les consoles sont encore trop complexes à manier. Cela n'empêche pas les éditeurs de jeux de saturer le marché de titres souvent bas de gamme. Les invendus s'accumulent, les prix chutent, entraînant en 1983 un « krach des consoles » aux États-Unis. Ce séisme est aussi la conséquence de l'émergence du micro-ordinateur personnel comme nouveau support ludique. Apple existe déjà, mais les leaders du marché s'appellent alors Atari et Commodore. Les joueurs sont vite séduits par la combinaison clavier-souris, qui offre plus d'options de jeu que la console. Et surtout, l'entrée en 1981 dans l'ère de la disquette amovible permet aux passionnés de s'initier aux joies de la programmation.

La conquête des adolescents

La console de salon n'a pas dit son dernier mot. Et c'est finalement le Japon qui lui offre ses lettres de noblesse. Après avoir vendu pendant près d'un siècle des cartes à jouer, la société Nintendo, fondée en 1889, s'attaque aux jeux vidéo. Ses « Game & Watch », mini-jeux électroniques de poche qui font aussi office de réveille-matin, s'arrachent au début des années 1980. Avec *Donkey Kong* (1982), Nintendo introduit la fameuse croix multidirectionnelle, permettant de piloter avec son pouce gauche sans quitter l'écran des yeux. Un périphérique bien plus instinctif que le joystick, transposé trois ans plus tard sur les manettes de sa nouvelle console, la Famicom. Au Japon, un foyer sur trois achète cette machine mythique, qui débarque en Occident dès 1986 sous le nom de « NES » (Nintendo Entertainment System). Son succès est porté par le jeu *Super Mario* qui, malgré un pitch improbable – un plombier italien moustachu en salopette et son frère Luigi explorent les égouts de New York pour les débarrasser des monstres qui y vivent –, est aujourd'hui la licence la plus vendue au monde, avec plus de 210 millions de titres écoulés à ce jour. Dans le jargon, cela s'appelle un « *killer game* ». Le plombier bondissant sort tout droit de l'imagination fertile de Shigeru Miyamoto, le Mozart de sa discipline, qui mieux que quiconque comprend l'importance cruciale du *gameplay* : la jouabilité et le ressenti du joueur font toute l'essence de l'expérience vidéoludique. « Les mécanismes du jeu doivent être huilés, et les défis proposés aux joueurs se révéler variés, imaginatifs et d'une difficulté croissante sans jamais devenir un obstacle perçu comme infranchissable[5] », écrit Erwan Cario, rédacteur en chef du site Écrans.fr.

L'âge d'or de la console peut s'ouvrir. Nintendo contre Sega. Super NES contre Megadrive. Mario le plombier contre Sonic le hérisson. Le blanc et le noir. Classique ou rebelle. Beatles *vs.* Rolling Stones. Tout *gamer* qui se respecte doit choisir son camp. Nintendo parle aux jeunes, quand Sega vise une clientèle plus branchée. Les deux géants japonais ringardisent l'arcade : avachis dans le canapé du salon, les ados jouent désormais sur l'écran de la télévision à une multitude de jeux grâce aux cartouches interchangeables.

Une rivalité tout aussi intense oppose Atari et Amiga sur le marché de l'ordinateur. L'année 1985 est un tournant. En quelques mois, les microprocesseurs passent de 8 à 32 bits. Mais c'est finalement le PC qui s'impose, au début des années 1990, comme l'accessoire familial indispensable. Avec des titres comme *Populous*, *Shadow of the Beast* ou *Myst*, petit chef-d'œuvre graphique pour l'époque, l'expérience vidéoludique devient moins physique et plus cérébrale. Le jeu s'ouvre à l'histoire (*Civilization*), la stratégie guerrière (*Age of Empires*) mais aussi la simulation. *SimCity* permet ainsi au joueur de se mettre dans la peau d'un maire pour bâtir et gérer sa cité idéale. Plus besoin de suivre les instructions, il est désormais possible d'écrire son propre scénario. Le créateur Will Wright pose ainsi les bases du jeu sans fin dans un monde ouvert. Un principe qu'il développe en 2000 avec *Les Sims*, jeu de poupée virtuel simulant la vie réelle, qui séduit pour la première fois un public majoritairement féminin. Porté par la puissance nouvelle des technologies et l'imagination sans bornes des créateurs, le jeu vidéo devient une grande famille, avec ses courants et ses sous-genres.

En pleine guerre des consoles, une autre inspiration de Nintendo bouleverse le marché. « Vous jouez maintenant avec la puissance portable », clame en 1989 le géant japonais dans une publicité pour la Game Boy, première console utilisable n'importe où et par n'importe qui. Ce pavé poids plume est vendu avec *Tetris* – peut-être le meilleur jeu de l'histoire, qui consiste à retarder au maximum l'inéluctable empilement de pièces aux formes multiples. Sega répond du tac au tac avec la Game Gear et son écran couleur. Mais le grand vainqueur de cette guerre est finalement… Sony, qui met tout le monde d'accord avec la sortie en 1994 d'une nouvelle console de salon, la PlayStation. L'arrivée sur le marché d'un acteur respectable ayant fait ses preuves dans le cinéma et la musique crédibilise enfin le jeu vidéo. Le CD-Rom relègue la cartouche aux oubliettes et la 3D est enfin maîtrisée. Surtout, la « Play » est une console sérieuse, élégante, racée : les adultes ne jouent plus en cachette. Des jeux comme *WipEout*, *Tekken* ou *Gran Turismo*, que les développeurs mettent cinq ans à finaliser, se vendent par dizaines de millions. Avec *Tomb Raider*, la PlayStation fait aussi émerger la première héroïne de l'histoire du jeu vidéo : Lara Croft, sorte d'Indiana Jones plantureuse en débardeur et mini-short, interprétée en 2001 sur grand écran par Angelina Jolie.

La mondialisation du jeu vidéo

La démocratisation d'Internet propulse le jeu vidéo dans une nouvelle dimension. Avec l'arrivée en 1998 des premiers modems 56k naît la folie des Massively Multiplayer Online Role Playing Games ou MMORPG, les « jeux de rôle en ligne massivement multijoueurs ». Aux quatre coins du monde, les *gamers* cachés dans le box d'un cyber-café incarnent un soldat ou un terroriste dans le jeu en réseau *Counter-Strike*, ou font évoluer leur avatar au cœur du monde médiévalo-fantastique de *World of Warcraft*, qui compte aujourd'hui plus de 12 millions de joueurs. « *WOW* » – pour les intimes – met en scène un « univers persistant » évoluant en permanence, même quand le joueur se déconnecte.

Internet mondialise le jeu sur ordinateur et devient le quartier général de la communauté des joueurs. Sur les forums, ils débattent, s'insultent ou s'échangent des solutions. « Tout un écosystème numérique apparaît et permet de saisir l'importance de ce qui était perçu jusqu'alors comme une activité adolescente et superficielle. La passion pour le jeu vidéo, et la culture *geek* en général, se revendique et s'affirme[6] », d'après Erwan Cario. En France, le temps où il fallait s'abonner à *Tilt* pour suivre l'actualité des jeux et de la programmation informatique est révolu. Le mythique magazine des années 1980 a fait des petits : le jeu vidéo a désormais sa propre chaîne de télévision (Game One) et ses revues spécialisées. Même les hebdomadaires et les quotidiens généralistes ouvrent leur rubrique « jeux vidéo ». Symbole de l'influence grandissante de la culture vidéoludique : le phénomène *Pokémon*. Cartes, dessins animés, T-shirts… Les petits monstres à dompter, lointains héritiers des images Panini, sont partout. Au point qu'on oublie parfois que Pikachu et sa bande sortent bien, au départ, d'un jeu vidéo créé par Nintendo.

Avec Internet, les consoles trouvent également un second souffle. En plus d'un design soigné et des graphismes à couper le souffle, les machines « de sixième génération » – PlayStation 2 de Sony, GameCube de Nintendo et Xbox de Microsoft, nouveau venu dans le jeu vidéo – permettent de se connecter pour des parties en réseau. Les éditeurs occidentaux reprennent la main : des sociétés comme l'américain Electronic Arts ou le français Ubisoft financent des campagnes marketing de plusieurs dizaines de millions de dollars pour assurer le succès de titres comme *Halo* ou *Assassin's Creed*. Entre 1996 et 2005, le chiffre d'affaires du secteur est multiplié par deux, permettant au jeu vidéo de dépasser le cinéma en tant que première industrie culturelle mondiale. De nouveaux titres transcendent les codes du cinéma pour un rendu plus réaliste et immersif que jamais, à l'image du jeu de guerre *Call of Duty*, qui permet de s'enfoncer dans le bourbier irakien ou de rejouer le débarquement des Alliés sur les plages normandes.

Quand le corps exulte

Nintendo chancelle sous les coups de boutoir de Microsoft et de Sony. Sa GameCube fait pâle figure face à la PlayStation 2, console la plus vendue au monde avec 150 millions d'exemplaires écoulés. Mais Shigeru Miyamoto a plus d'un tour dans son sac. Puisque la concurrence mise tout sur la puissance des processeurs et la splendeur des graphismes, Nintendo décide d'emprunter une autre voie : celle du corps et de la détection de mouvements. Pari risqué mais intuition géniale. Avec la console Wii, sortie en 2006, le jeu vidéo devient une expérience physique, en liaison directe avec nos sens. C'est aussi une expérience familiale : trois générations suent simultanément devant leur écran dans des parties de tennis ou d'*air guitar* endiablées. Le ludique l'emporte sur la technique. Nintendo réintroduit du *fun* dans un univers devenu trop sérieux : « La Wii a prouvé qu'on n'a pas besoin d'afficher des milliards de polygones en 3D à l'écran pour s'amuser, le plaisir passant surtout par les moyens dont on dispose pour s'approprier le jeu[7] », constate Philippe Dubois, président de MO5.com, une association engagée dans la préservation du patrimoine vidéoludique. Tant pis pour les *hardcore gamers*, les joueurs les plus fanatiques, qui crient à la trahison. Nintendo a gagné son pari, forçant la concurrence à lui emboîter le pas. Sony riposte avec la PlayStation Move et Microsoft avec la Kinect, qui ne nécessite même plus de médiation avec le joueur : une caméra détecte ses mouvements, instantanément reproduits à l'écran. Le corps, devenu manette, se connecte directement à l'imaginaire, au cours d'une expérience quasi chamanique.

Le jeu ubiquitaire

La revanche de Nintendo passe aussi par la sortie de sa nouvelle console portable, la DS. Fini les cals sur les pouces, le joueur peut désormais parler, écrire, souffler dans le micro et infliger à son écran tactile la caresse de ses doigts sales ou le délicat tapotement d'un stylet. Le public féminin se laisse prendre au jeu. La mode des *puzzle games* à la *Tetris* et des exercices de mémoire ou de calcul mental bat son plein. La console se transforme en *Bescherelle* à batterie rechargeable.

La miniaturisation de l'interface se poursuit avec l'invasion des écrans. Smartphones et tablettes s'imposent comme de nouvelles interfaces ludiques. Adieu boîtes de jeux, place aux plates-formes de téléchargement en ligne et à leurs tarifs modiques. L'heure est aux *casual games*, des bouche-trous addictifs qui permettent de tuer le temps, de chasser l'ennui, de combler à merveille les derniers espaces vides de la journée. Premier hit des années iPhone, *Angry Birds* signe ainsi le retour de ce que Sam Anderson, journaliste au *New York Times*, appelle « les jeux débiles » : « On y joue de manière impromptue, ambivalente, compulsive, presque accidentelle. On souhaite juste jeter un œil à son agenda sur son smartphone et, tout à coup, quarante minutes se sont écoulées et il ne reste plus qu'un niveau avant de passer à l'étape suivante, alors autant lancer encore un oiseau[8]. » Les *casual games* permettent de s'amuser tout de suite, sans courbe d'apprentissage. L'expérience ludique ne passe alors plus par la frustration et la progression mais par le plaisir pur et instantané.

Pour les plates-formes numériques, les *casual games* sont une nouvelle poule aux œufs d'or : en mai 2013, ils représentaient 70 % des revenus de l'Appstore, la boutique virtuelle depuis laquelle les détenteurs d'un iPhone téléchargent leurs applications. C'est aussi une aubaine pour les éditeurs indépendants, qui profitent à plein de l'appel d'air créé par l'engouement populaire pour ces jeux à télécharger.

Le jeu vidéo n'échappe pas non plus à la folie Facebook. En 2010, la société californienne Zynga affole les compteurs avec son jeu *FarmVille*, qui exploite à merveille la viralité du réseau social. Gratuit, jouable depuis un simple navigateur, ce jeu de simulation permet d'exploiter une ferme virtuelle. Pour progresser plus vite, le joueur peut acheter des outils et autres gadgets à prix modiques et doit inciter d'autres utilisateurs à créer leur propre ferme. La contagion ne tarde pas : en 2010, près de 83 millions de « facebookers » jouent à *FarmVille*. Depuis, le contingent de fermiers virtuels s'est tassé, mais des dizaines de nouveaux titres apparaissent chaque jour. En 2012, Facebook abrite plus de 250 millions de joueurs actifs (un utilisateur sur cinq) et 200 jeux disponibles sur le réseau social dépassent le million de joueurs mensuels.

L'avènement du jeu portable et social sonne-t-il le glas des consoles de salon ? À long terme, c'est probable, même si la septième génération (PlayStation 4 et Xbox One) débarque à peine sur le marché. Jouer en streaming est déjà possible grâce au *cloud gaming* : plus besoin de téléchargement, une connexion à Internet et un petit boîtier suffisent pour « lire » la vidéo du jeu, installé sur un serveur informatique à distance. Demain, grâce au *cloud gaming*, l'expérience ludique suivra le joueur partout, sur tous les supports. Le passage d'une plate-forme à l'autre sera simple, à défaut d'être gratuit. Le jeu ubiquitaire est en marche. Petit à petit, le monde fermé des jeux sur ordinateur et sur PC se métamorphose en un monde ouvert, un monde des possibles, dans lequel les créateurs, les éditeurs et les joueurs pourront tout se permettre. Plus réalistes, plus immersifs, plus addictifs, les jeux vidéo pourront, à terme, détecter notre état émotionnel, s'intégrer au corps, se greffer au plus près de nos fonctions sensorielles.

La culture *gamer* devient populaire

La toile foisonne de sites, blogs et autres forums décortiquant l'univers du jeu vidéo sous toutes ses coutures, même les plus improbables, à l'image du savoureux site britannique *Gourmetgaming.co.uk*, qui recense et teste en cuisine les plats croisés dans les mondes virtuels… Mais le jeu vidéo a largement dépassé la sphère *geek* pour devenir un véritable phénomène de société, une culture *mainstream* dont les icônes sont célébrées bien au-delà du cercle des joueurs assidus. Trente ans après *Pac-Man* vient la déferlante *Angry Birds* : peluches, cartables, bonbons acidulés, gel désinfectant pour les mains… Les oiseaux sont partout. En Finlande, un parc d'attractions thématique a même ouvert ses portes et une version « Mille et Une Nuits » du jeu est dans les cartons pour séduire les pays du Golfe, très friands du lancer d'oiseaux… Fournisseur historique d'icônes juvéniles, Disney célèbre aussi le jeu vidéo dans son dernier film d'animation : *Les Mondes de Ralph* est un hommage à la culture *gamer*, truffé de références plus ou moins explicites aux titres-cultes des cinquante dernières années. D'ailleurs, Disney entend bien s'imposer enfin comme une major du jeu vidéo grâce à Disney Infinity, un drôle d'objet ludique sorti en août 2013, à la fois jouet et jeu vidéo, qui met en scène les personnages héroïques de la galaxie Disney.

Mais l'aura nouvelle du jeu vidéo dépasse le cadre de la cour de récréation. La place qu'il occupe désormais dans la culture populaire se mesure aussi à la façon dont l'univers vidéoludique est digéré, malaxé et retranscrit par les créateurs de tous bords. Aux quatre coins du monde, l'artiste urbain français Invader tapisse les murs des grandes métropoles de petits monstres en mosaïque inspirés du cultissime jeu d'arcade *Space Invaders*. Duncan Jones, le fils de David Bowie, prépare la première adaptation cinématographique de *World of Warcraft*. Et dans un registre plus musical, des orchestres symphoniques jouent désormais la partition des jeux *Halo*, *Zelda* et *Final Fantasy*, tandis que le mouvement électro Chiptune attire des artistes qui recyclent les sons produits par les consoles vintage. Plus visible, plus crédible, le jeu vidéo a encore une marge de séduction importante auprès du grand public. « Dans les campagnes du Kerala, les paysans indiens ne jouent pas aux jeux vidéo. Par contre, ils regardent des films », rappelle le sociologue Alexis Blanchet, pour souligner que la diffusion culturelle du cinéma est encore bien supérieure à celle du jeu vidéo. (Interview réalisée par l'auteur le 8 avril 2013.)

Gamer rime avec consommateur, mais aussi avec créateur. La mode du *hacking* pousse ainsi les passionnés à concevoir leurs propres jeux, après s'être initiés aux règles de base de la programmation informatique grâce à des logiciels comme *Kodu*, *Alice* ou *Scratch*. De plus en plus de joueurs testent ainsi leurs talents de programmeurs lors de festivals aux noms éloquents, contribuant à la mise en culture du jeu vidéo : Ludum Dare, ArtGame Weekend, Global Game Jam, Experimental Gameplay Project… « Le moindre jeu que vous et moi mettons au point là, tout de suite – la moindre histoire de cinq minutes, la moindre expérimentation bizarre, le moindre jeu basique de dressage de chien –, élargit les frontières de notre (et de votre) art[9] », écrit la *game designer* Anna Anthropy. Libérés des contraintes commerciales qui pèsent sur les épaules des professionnels, ces créateurs anonymes laissent libre cours à leur imagination. Un retour aux sources, à cette logique *hacker* du partage et de l'amusement qui guidait les pionniers du MIT dans les années 1950. Petit à petit, la création vidéoludique se démocratise et sort des grands studios de développement pour s'ouvrir aux amateurs. Une échappée salvatrice qui ne peut que servir la cause du jeu vidéo dans sa quête de reconnaissance artistique.

Chapitre 2

UN MILLIARD DE *GAMERS*

Le cliché de l'adolescent acnéique et solitaire cloué devant son ordinateur a vécu. Désormais, on joue de 7 à 77 ans, et plus si affinités. En France, il y aurait même autant de *gameuses* que de *gamers*. Un petit séisme dans l'univers encore machiste du jeu vidéo.

Neil Postman avait tout faux. En 1982, le critique culturel américain faisait sensation en annonçant, dans un essai au titre pompeux, « la disparition de l'enfance » (*The Disappearance of Childhood*[10]). Selon lui, après avoir été préservés depuis le XIXe siècle de la sexualité, de la violence, de la corruption et de la dépendance à l'argent, nos enfants se trouvent de nouveau exposés à la cruauté du monde adulte à cause de l'omniprésence technologique – télévision en tête. Hypothèse intellectuellement séduisante mais un peu naïve. L'invasion des écrans dans nos vies a plutôt validé le scénario inverse : l'écrasante majorité des adultes refuse aujourd'hui de grandir trop vite. Plus question de renoncer aux plaisirs simples de l'enfance au nom d'un prétendu devoir d'exemplarité. Un phénomène popularisé par le psychologue Dan Kiley sous le nom de « syndrome de Peter Pan »[11]. Mais les « adulescents » d'aujourd'hui ne sont pas forcément les êtres narcissiques, émotionnellement immatures et socialement irresponsables décrits dans les années 1980 par Kiley. Au contraire, il faut plutôt voir en eux une génération qui refuse la noirceur du monde et entend bien se divertir à tous les âges de la vie. Le *fun* est leur boussole, leur matrice, leur valeur cardinale. Et de la même manière qu'ils dorment avec un ours en peluche ou circulent en trotinette, ces nouveaux adultes entendent bien continuer à jouer toute leur vie sur des écrans, poussant toujours plus loin l'expérience vidéoludique qui a enchanté leur enfance.

Game older

« Si le phénomène du jeu vidéo a d'abord rencontré l'adhésion spontanée de millions d'adolescents, il séduit aujourd'hui toutes les tranches d'âge, telle une onde sismique, happant toutes les générations dans une fabuleuse fiesta cosmopolite[12] », écrit l'essayiste Daniel Ichbiah. Difficile de le contredire, à l'heure où plus d'un milliard de personnes à travers le monde jouent sur écran.

Reconnue depuis les années 1980 comme une terre fertile pour la création de jeux, la France s'affirme comme le pays européen où la démocratisation des pratiques vidéoludiques est la plus évidente. Huit Français sur dix ont joué aux jeux vidéo au moins une fois au cours des douze derniers mois[13]. Mieux : en seulement cinq ans le nombre de joueurs réguliers dans l'Hexagone a doublé, passant de 17 à 30 millions entre 2008 et 2013[14].

Conséquence logique de cette massification : l'âge moyen du joueur recule. Si l'on en croit les statistiques, le *gamer* type aurait aujourd'hui plus de 35 ans. Plus impressionnant encore : en France, 83 % des joueurs ont plus de 18 ans et une proportion importante de ces adultes s'est mise à jouer sur tablette ou smartphone à partir de 40 ou 50 ans. Des chiffres éloquents, qu'il convient pourtant de lire avec prudence tant l'industrie du jeu vidéo a tout intérêt à « vieillir » son audience : « Si le "joueur type" est un adulte âgé de 35 ans et plus, les problèmes liés au contenu des jeux – notamment la violence – apparaissent moins légitimes : nous aurions à faire à des citoyens responsables », tempère ainsi le sociologue Laurent Trémel, qui voit dans ces sondages un moyen de « présenter une vision "culturellement correcte" de la pratique du jeu vidéo ». (Interview réalisée par l'auteur le 25 mars 2013.)

Même biaisés, ces chiffres ont de quoi tordre le cou aux stéréotypes les mieux installés dans notre inconscient. Non, le *gamer* n'a plus forcément les traits d'un adolescent martyrisant la manette de sa console. En France, près de la moitié des parents (44 %) déclarent ainsi jouer aux jeux vidéo en compagnie de leurs enfants. 79 % des parents américains voient même dans le partage de l'expérience vidéoludique un bon moyen de renouer ou de renforcer la communication avec leur progéniture[15]. Et puis, difficile de refuser d'offrir une Nintendo DS à sa fille quand votre PlayStation 3 trône à côté du téléviseur du salon… « Il y a vingt ans, les parents joueurs étaient rares. Maintenant, ils veulent transmettre leur culture vidéoludique à leurs enfants », constate le géographe Hovig Ter Minassian, coordinateur de l'étude Ludespace[16] réalisée auprès de 2 500 personnes. Passe-temps juvénile à ses premières heures, le jeu vidéo s'impose donc aujourd'hui comme un divertissement nomade, transgénérationnel et universel.

Plus encore que le phénomène des « papas *gamers* », la meilleure preuve de l'emprise du jeu vidéo sur notre société est le doublement du nombre de joueurs âgés de plus de 50 ans en moins de dix ans. Technophiles, curieux, avides de comprendre le monde dans lequel grandit la génération Y de leurs petits-enfants – celle que le philosophe Michel Serres baptise « *Petite Poucette* » en hommage à sa dextérité digitale –, de plus en plus de retraités s'initient aux jeux vidéo. Cure de jouvence pour les uns, exploration contre-nature pour les autres, cet apprentissage déçoit rarement ces néophytes tardifs : « Je ne me sens pas vieille mais je vois bien, à travers les jeux vidéo, que ma génération et celle de mes enfants ne pensent pas du tout de la même façon, confesse une femme de 55 ans, qui participe aux ateliers d'initiation "Game Older" organisés à la Gaîté-Lyrique de Paris pour "faire découvrir aux seniors la pratique des jeux vidéo". Nous n'avons pas le même rapport aux objets. [...] Lorsque nous avons joué à *Mario* pour la première fois de notre vie, nous avons tous, je dis bien tous, sauté au-dessus des champignons. Aucun d'entre nous n'a sauté sur les champignons, nous les avons soigneusement et magnifiquement évités... Nous avons toujours eu des objets livrés avec un mode d'emploi. Pour nous, ce n'est pas naturel de tester les choses[17] », poursuit avec humilité cette novice en préretraite. Les éditeurs ont bien compris ce nouvel engouement, au point de faire des seniors une nouvelle cible commerciale. Pour vanter les mérites de son « programme d'entraînement cérébral », un jeu proposant des exercices de mémoire et de logique, Nintendo met en scène dans sa publicité française une Line Renaud à la fraîcheur d'esprit bluffante. La soi-disant conquête du troisième âge par le jeu vidéo laisse le sociologue Laurent Trémel dubitatif : « Le fait d'introduire une console de jeu dans une maison de retraite alors que les résidents n'ont pas vraiment le choix ne veut pas dire que nos aînés sont devenus des *gamers*... Cela me semble davantage relever d'une logique de communication, dont le but est surtout de légitimer les produits auprès de cette population pour qu'ils n'hésitent pas à en acheter à leurs petits-enfants. » (Interview réalisée par l'auteur le 25 mars 2013.)

Les jeunes adolescents demeurent effectivement le cœur de cible des éditeurs de jeux, qui rivalisent d'ingéniosité et de prouesses marketing pour attirer dans leurs filets ces consommateurs en herbe faciles à allécher. Et ça marche. L'immersion dans l'univers vidéoludique est même de plus en plus précoce. Si le marché du jouet, en progression constante depuis le début des années 2000, se porte à merveille, les enfants semblent délaisser de plus en plus tôt leurs poupées et autres monstres en plastique au profit des jeux sur écran. « L'âge clé semble se situer autour de 11 ans, au moment de la préadolescence et de l'autonomisation, explique le sociologue Vincent Berry. C'est à cet âge-là que la chambre se transforme. Les objets de l'enfance, et notamment les jouets, ont tendance à disparaître au profit de l'ordinateur, de la console et des jeux vidéo[18]. »

Les frontières du jeu vidéo s'étendent : on joue de plus en plus tôt et de plus en plus tard. Un constat qui transcende les classes sociales. Au début des années 1990, le sociologue Pierre Bruno distinguait une « pratique vulgaire » et une « pratique savante » du jeu vidéo, déterminées par l'environnement socioculturel de l'enfant. En clair, certains joueurs assidus disposaient des codes nécessaires pour développer une véritable culture vidéoludique. Une thèse que la pratique du jeu vidéo à tous les âges de la vie et sur tous les supports n'a pas rendue obsolète. Un adolescent déscolarisé ne donnera pas le même sens au fait de jouer à des jeux violents comme *Grand Theft Auto* (*GTA*) ou *Call of Duty* qu'un bobo parisien trentenaire. Pour autant, la discrimination qui pouvait découler d'un accès inégal à la technologie tend à disparaître. En 1985, un ordinateur Amiga coûtait 1 300 dollars. Pas vraiment à la portée de toutes les bourses. Aujourd'hui, tout le monde ou presque a un accès à Internet et un écran à portée de main : 48 % des foyers français sont équipés d'une console, 65 % d'un ordinateur et 84 % d'un téléphone portable[19].

Un loisir en voie de féminisation

Prochain train dans quatre minutes. Sur le quai de la gare, Sophie trépigne. Déposer Alice à l'école l'a encore mise en retard, comme tous les mardis. Sa réunion de service démarre dans dix-sept minutes. Elle dégaine son smartphone. Zéro nouveau message. Deux rendez-vous prévus ce matin, dont un brainstorming de deux heures avec ces boulets du marketing. Une belle migraine en perspective. Pour passer le temps, elle reprend sa partie en cours de Bejeweled. *Dix minutes pour battre le meilleur score, établi par Alice hier soir avant le dîner. Ce soir, ça ira mieux. C'est elle qui est de garde. Les enfants couchés, elle aura trois heures rien que pour elle. Suffisant pour récupérer l'épée d'émeraude que convoite « Arpalis », son avatar. Si les autres membres de la Confrérie Écarlate – la guilde à laquelle elle appartient dans* World of Warcraft *– sont aussi connectés, elle pourrait même avoir le temps de mettre une sévère dérouillée à la troupe d'orques qui les a mis en déroute dimanche dernier.*

Sophie a beau ne pas exister, ce petit scénario n'a rien de farfelu. Des femmes comme elle, il en existe des milliers en France. Surtout depuis l'avènement des écrans portables. 35 ans, mère de famille, cadre supérieure dans le privé, jouant tous les jours ou presque et sur plusieurs supports… Sophie colle parfaitement au portrait-robot de la *gameuse* (d'aucuns préfèrent parler de « *gamer girl* » ou de « *gameher* »).

En cinq ans à peine, l'engouement pour le *casual gaming* et les jeux sociaux, boosté par des plates-formes pourtant non conçues au départ pour jouer, a bouleversé la sociologie du jeu vidéo. Des *gameuses* qui s'ignoraient se sont mises à jouer sans forcément s'en rendre compte. Simplement parce qu'elles ont un smartphone ou parce qu'elles ont ouvert l'application *FarmVille* envoyée par leur meilleure amie sur Facebook. C'est grâce à ces femmes que le jeu vidéo est devenu un phénomène de masse, une culture *mainstream*. L'appel d'air des réseaux sociaux est considérable. Le bataillon de *gameuses* ne cesse de recruter, au point de rattraper celui de leurs homologues masculins. En 2013, un joueur sur deux serait une femme. Une percée exceptionnelle dans un milieu considéré comme l'un des derniers bastions de la masculinité. Ou plutôt un juste rééquilibrage des choses puisque, après tout, la Terre abrite 49,6 % de femmes. « Le jeu est de moins en moins perçu comme un loisir masculin ou comme une culture *geek* hyperspécialisée. [...] De plus en plus, les filles grandissent avec le jeu vidéo : il est présent dans les foyers, et ça devient aussi banal que de regarder la télé[20] », assure Sachka Duval, *game designer* et coordinatrice éditoriale pour « Les Cahiers du jeu vidéo ».

Casual gamers vs. *hardcore gamers*

Incontestable, la féminisation fulgurante du jeu vidéo est à prendre cependant avec des pincettes. Sortez des statistiques officielles les jeux sociaux et ceux sur mobile et le portrait-robot du *gamer* apparaît soudain nettement plus poilu. Il convient en effet de distinguer les *casual gamers* des *hardcore gamers*, ces passionnés qui pratiquent tous les jours et au moins vingt heures par semaine. Dans le jargon, on les appelle les « *core* ». Certains sont même qualifiés de « *no life* », tant ils sacrifient leur vie sociale au profit de l'immersion virtuelle. La plupart jouent dans leur coin, sans faire de vagues. Les autres, les irréductibles, font de la résistance. Un tour sur les forums en ligne suffit pour comprendre leur haine à l'égard des mères au foyer et autres cadres en costume-cravate qui se prétendent *gamers* parce qu'ils ont un iPhone. En fans de la première heure, dégoûtés par le virage commercial de leur groupe fétiche, ils se disent trahis par des éditeurs de jeux prêts à toutes les compromissions pour étendre leur audience. D'après eux, les jeux sont désormais trop linéaires et trop simples. Deux jours après la sortie de *God of War: Ascension*, certains joueurs se sont plaints de l'extrême difficulté du jeu. De quoi déclencher l'ire des puristes, qui dénoncent la culture *casual* du jeu sans effort de la nouvelle génération. « La petite raideur conservatrice exprimée par les joueurs les plus férus trahit une forme d'idéalisme encourageant : un système tacite de valeurs et de comportements, qui voudrait élever le jeu, l'arracher aux logiques trop faciles pour lui rendre une forme de grandeur et de pureté[21] », écrit, bienveillant, le journaliste Olivier Séguret. Une vision du *gaming* à l'ancienne poétique, nostalgique et un peu désuète. La résistance farouche des traditionalistes est une cause vaine tant nous tendons à adopter une pratique du jeu vidéo à la fois *hardcore* et *casual* : « La frontière entre ces deux cultures disparaît. Seules subsistent des pratiques différentes selon les jeux et les supports. Mais le joueur que je suis n'a plus besoin d'appartenir à telle ou telle famille pour s'amuser. Il peut désormais trouver le jeu qui lui convient, au moment où ça l'arrange, sur la plate-forme de son choix », explique Laurent Michaud, directeur d'étude pour la société de conseil et d'études IDATE[22]. (Interview réalisée par l'auteur le 20 mars 2013.)

La guerre des sexes

La critique des joueurs *casual* n'est-elle pas, en creux, l'expression de la furieuse misogynie animant certains *gamers* dotés d'une prostate ? Depuis peu, le débat fait rage sur les forums. Il faut reconnaître que le statut de *gameuse* est loin d'être une sinécure. Qu'une fille joue sur son smartphone, passe encore. Mais avec une manette en main, elle passe souvent pour une anomalie, une erreur de casting, une squatteuse s'invitant de force au club des initiés. Et s'expose alors aux insultes, aux blagues sexistes et à la drague bourrin de joueurs dont les plus vils instincts sont parfois stimulés par l'anonymat rassurant d'un écran. Dans l'imaginaire *gamer*, la figure de la « *fake geek girl* », cette pseudo-joueuse à l'engouement forcément affecté, occupe ainsi une place de choix. En août 2012, la blogueuse Mar_Lard a fait le buzz en dénonçant « l'insupportable tribalisme de la geekosphère qui s'applique à exclure méthodiquement quiconque n'est pas un jeune cis-homme blanc hétérosexuel vaguement cynique[23] ». D'après elle, cette minorité malfaisante de joueurs est « complètement tolérée, voire encouragée par la communauté[24] ». Une vision alarmiste que ne partage pas Marylis Vallet, alias Kasilla. Pour la fondatrice du site Lesgameuses.com.eu, l'agressivité virtuelle est surtout le fait d'une poignée de gamins immatures : « Les remarques sexistes restent assez rares. En général, la curiosité et l'ouverture d'esprit des joueurs sont sincères », témoigne cette joueuse *hardcore*, qui prend soin tout de même d'alterner entre son pseudo féminin et un autre, plus neutre, selon le jeu dans lequel elle se lance. (Interview réalisée par l'auteur le 25 mars 2013.) Un camouflage qui garantit la paix sociale. D'autres *gameuses* choisissent l'isolement : des ligues 100 % *girly* permettent de manier tranquillement la sulfateuse entre filles, sans être importunées par des malotrus à la testostérone indomptable. Enfin, une dernière catégorie préfère prendre le maquis, misant sur leur virtuosité et une utilisation parcimonieuse de leurs charmes – la *gameuse* demeure pour le *gamer* un challenge érotique – pour faire avancer une quête ou défendre les intérêts de leur guilde.

Dangereuse dérive ou simple épiphénomène, le machisme ne laisse plus les *gameuses* de marbre. Sur Internet, la résistance s'organise. Des blogs comme *fatuglyorslutty.com* (« grosse, laide ou salope ») ou *notinthekitchenanymore.com* (« plus jamais dans la cuisine ») dressent la liste des pires obscénités adressées aux joueuses dans les chats et sur les forums, captures d'écran à l'appui. La cible favorite des *gamers* machos s'appelle Anita Sarkeesian. Avec son projet « *Tropes vs. Women* », cette féministe américaine proposait de déconstruire les stéréotypes sexistes dans l'univers du jeu vidéo. Sa demande de financement participatif lui a permis de récolter 150 000 dollars pour mener à bien cette étude approfondie, mais aussi de se faire une kyrielle d'ennemis qui ont *hacké* son site et diffusé sur Internet des montages-photos d'elle violée et battue. « Il y a des *gamers* qui pensent que le jeu vidéo leur appartient. Ils sont terrifiés à l'idée qu'il en soit autrement[25] », constate Anita Sarkeesian.

Jeux pour filles ou jeux pour tous ?

En véhiculant des stéréotypes sexistes, les éditeurs de jeux ont aussi leur part de responsabilité dans ce conflit. D'après une étude menée en 2006 sur les 150 jeux les plus vendus aux États-Unis, seulement 15 % des personnages étaient de sexe féminin. Aventurières en mini-short, sorcières maléfiques en combinaison ultramoulante, demoiselles en détresse au décolleté défiant les lois de la gravité… Les *game designers* se plaisent à mettre en forme les fantasmes supposés des *gamers*, au détriment de la qualité intrinsèque des personnages et du scénario. Une dérive baptisée « *fan service* », à laquelle les héros masculins n'échappent pas non plus. De Duke Nukem à Kratos en passant par Max Payne, ces messieurs voient leurs biceps grossir au fil des éditions. « C'est certain qu'on s'identifie mieux aux personnages s'ils vous ressemblent un petit peu. Mais pour moi, c'est avant tout le *gameplay* qui fait l'intérêt d'un jeu. Dans le dernier *Tomb Raider*, la nouvelle Lara Croft est plus réaliste, très réussie, mais le jeu serait aussi intéressant si c'était un héros masculin », explique Kasilla.

Bien conscients du potentiel économique que représente la féminisation du jeu vidéo, les éditeurs proposent des titres calibrés pour plaire aux filles. Mention spéciale pour *Cooking Mama*, cours de cuisine virtuelle, et la série *Léa passion*, qui permet de se mettre dans la peau d'une baby-sitter ou d'une maîtresse d'école. Sur Internet, les portails de jeux gratuits ne reculent devant aucun poncif. Des sites rose bonbon comme *girlsgogames.fr* ou *wambie.com* proposent ainsi des jeux aux titres éloquents : *Soins du poney*, *Habillage de la lolita* ou encore *Maquillage de la princesse fiancée*. La déferlante des jeux pour filles ne fait que commencer : « Les filles de la génération Z disposent d'un pouvoir d'achat de 27 milliards d'euros, et elles sont imbattables pour mettre en avant les marques qu'elles aiment », écrit Peter Hofstede, directeur du déloppement des jeux chez Spil Games, convaincu que « le marché des jeux pour adolescentes est destiné à devenir l'un des plus florissants de la décennie[26] ». On pourrait croire que si les jeux sont aussi caricaturaux, c'est parce que seulement 11,5 % des développeurs sont des femmes. Et pourtant, non. Créé par des femmes, le studio canadien Silicon Sisters s'est donné pour mission de concevoir des jeux qui plaisent au public féminin, quitte à véhiculer les pires clichés sexistes en faisant appel à de prétendues caractéristiques féminines comme l'art de la persuasion… Exemple de cette ghettoïsation ludique, le jeu *EverLove* propose ainsi de résoudre une intrigue amoureuse en voyageant dans le temps pour comprendre les ressorts psychologiques du vrai amour. « Il s'agit de définir des qualités ou des traits de caractère comme "essentiellement" féminins, comme quelque chose d'inné et de naturel, lié au sexe. Et il s'agit également de dire qu'au final tous les autres jeux ne seraient destinés qu'aux hommes », regrette Marion Coville, doctorante à Paris Panthéon-Sorbonne, qui salue en revanche des jeux comme *Portal* ou *Mirror's Edge*, dans lesquels le joueur incarne des femmes « normales », ou *Bayonetta*, « où la complexité et le second degré offrent plusieurs niveaux de lecture » malgré une héroïne dénudée qui multiplie les clins d'œil suggestifs au joueur. (Interview réalisée par l'auteur le 25 mars 2013.)

S'ils jugent les personnages encore trop sexistes à leur goût, les joueurs peuvent toujours essayer de *hacker* le jeu pour corriger ses défauts. « Je refuse que ma fille grandisse en pensant que les femmes ne peuvent pas être des héroïnes et sauver leurs petits frères[27] », a déclaré Mike Hoye, « papa *gamer* » qui a réussi à détourner le jeu *The Legend of Zelda: The Wind Waker* en créant un patch qui inverse le sexe de tous les personnages. Un autre père a *hacké* le jeu-culte *Donkey Kong* pour permettre à sa fille de sauver Mario avec le personnage féminin de Pauline, et non l'inverse comme dans le jeu original. Des exploits anecdotiques certes, mais qui laissent entrevoir la montée en puissance des joueurs dans le débat sur la qualité des jeux. Les *gamers* ne sont plus seulement des consommateurs.

Chapitre 3

NUMÉRO UN MONDIAL DE LA CULTURE

Le jeu vidéo s'impose comme la première industrie culturelle mondiale, devant le cinéma et la musique. Laboratoire de nouveaux modèles économiques, le secteur résiste mieux que la concurrence à la dématérialisation des contenus et des supports.

Activision ne pouvait rêver plus beau cadeau de Noël. En décembre 2011, le géant de l'édition a annoncé qu'avec un milliard de dollars de recettes en seulement seize jours, *Call of Duty: Modern Warfare 3* devenait le jeu le plus lucratif de l'histoire. « *Call of* », comme le surnomment ses fans, battait ainsi le record établi par le film *Avatar*, qui avait mis dix-sept jours pour rapporter une telle somme…

La nouvelle a fait les gros titres. Quelques « pères la morale » ont regretté qu'un jeu de guerre déconseillé aux moins de 18 ans vienne détrôner la fable écologique de James Cameron au rang de premier produit culturel mondial. Mais l'écrasante majorité des médias a tout de même salué le triomphe économique d'un secteur en plein boom. Il était temps. Car le jeu vidéo avait bouleversé le cours de l'histoire de la culture populaire depuis un moment déjà. Huit ans exactement dans le cas de la France. À l'époque, la presse n'en finissait plus de décortiquer le succès du *Da Vinci Code* quand l'institut GFK jeta un froid en annonçant que le produit culturel le plus vendu en France au cours du premier semestre 2004 était *Gran Turismo*. Quatre mois seulement après sa sortie sur PlayStation 2, le cultissime jeu de course automobile avait déjà rapporté 19 millions d'euros. Loin devant la vidéo de *Shrek 2*, le dernier album des Enfoirés et le thriller ésotérique de Dan Brown. Excusez du peu.

Le petit monde de la culture ne s'est jamais vraiment remis de cette « révolution de velours ». Le temps qui passe ne fait que confirmer la tendance : le jeu vidéo est plus que jamais en tête du podium des industries culturelles, le cinéma, la musique et le livre se battant désormais pour les places d'honneur. En 2012, le chiffre d'affaires du jeu vidéo en France a franchi la barre des 3 milliards d'euros. Un chiffre deux fois plus important que celui du cinéma (1,3 milliard) et cinq fois plus élevé que celui de l'industrie musicale (617 millions d'euros)[28]. À l'échelle mondiale, l'écart est le même, avec un chiffre d'affaires mondial de 52 milliards d'euros en 2012, même si ces données, simplement déclaratives, sont à prendre avec des pincettes : « Des économistes sérieux ne cautionneraient pas forcément ces chiffres. Mais ce qui est intéressant, c'est la dimension symbolique de cette affaire : parce qu'il entend être l'industrie culturelle dominante du XXIe siècle, le jeu vidéo n'a pas peur de se comparer au cinéma, qui a dominé le siècle précédent », souligne le sociologue Alexis Blanchet. (Interview réalisée par l'auteur le 8 avril 2013.) À l'heure où le marché du DVD s'effondre, où les salles obscures se vident, où l'industrie du disque s'épuise dans une lutte sans fin contre le piratage, la croissance exponentielle de l'industrie vidéoludique se poursuit.

Le produit culturel par excellence

Si surprenante puisse-t-elle paraître aux yeux des profanes, l'irrésistible ascension du jeu vidéo était programmée dès sa naissance. Pour une raison simple : avant d'être une industrie culturelle, le jeu vidéo est une industrie du loisir. La notion de divertissement est inscrite dans l'ADN de cet objet culturel pas comme les autres : « Le jeu vidéo est un secteur créatif sous contraintes. Contrainte technologique, contrainte d'interface et, surtout, contrainte économique et commerciale. Le jeu vidéo est avant tout – il le fut dès ses débuts – une industrie. Il faut plaire au public. Il faut vendre. Il faut être édité, distribué[29] », rappelle Erwan Cario. Souvent, auteurs, musiciens et réalisateurs rechignent à voir leurs œuvres qualifiées de « produits culturels ». Ils ne peuvent se résoudre à l'idée que leur production artistique est vouée à être commercialisée comme de vulgaires paquets de lessive. Question d'éthique et d'intégrité intellectuelle. Dans l'industrie vidéoludique, de telles sensibleries n'ont pas leur place. L'art pour l'art n'existe pas, même dans l'esprit des *game designers*, ces architectes de l'environnement virtuel. Une approche moins noble mais éminemment plus pragmatique et décomplexée que celle de la concurrence, toujours empêtrée dans des considérations morales. *Avatar* ou le dernier album de Daft Punk sont des œuvres d'art transformées en produits culturels pour optimiser leur visibilité et leur potentiel commercial. Tout l'inverse des jeux vidéo, produits culturels par excellence, calibrés pour divertir le public le plus large possible. Le modèle économique du secteur se rapproche plus de celui de la cartouche d'imprimante que du cinéma. Il en est ainsi depuis le temps des premières salles d'arcade. Et ça ne changera pas de sitôt.

La vocation avant-gardiste

La nature éminemment commerciale du jeu vidéo ne suffit pas à expliquer son succès. Si l'industrie vidéoludique a dépassé le septième art, c'est aussi parce qu'elle a su se transformer en un immense laboratoire : en matière d'art comme de business, les idées neuves passent souvent par le jeu vidéo avant de s'étendre aux autres industries culturelles et créatives. À la fin des années 1990, bien avant le succès mondial de *World of Warcraft* et de Facebook, des jeux en réseau comme *Ultima Online* et *EverQuest* avaient démontré la viabilité financière de l'exploitation de contenus ludiques et de la gestion de communautés sociales sur Internet.

Dans les années 2000, l'industrie vidéoludique a de nouveau démontré sa vocation avant-gardiste en définissant les contours d'un nouveau modèle économique qui fait aujourd'hui florès sur le web : le *free to play*. Le « F2P » naît en Corée du Sud en 2001 et se présente alors comme une alternative aux abonnements mensuels à certains jeux en ligne payants comme *MapleStory*. Le principe est simple : la version originale du jeu est gratuite ou accessible à un prix symbolique. Libre ensuite au joueur d'acheter des niveaux et des extensions s'il souhaite poursuivre plus loin et plus rapidement l'aventure. Bref, payer plus pour gagner plus. Les plus impatients ne résistent pas longtemps à la tentation de dégainer la carte bancaire. Sur Facebook, on compte ainsi 500 millions de joueurs actifs, pour un taux de conversion au payant de 1,5 % seulement. Un pourcentage infime, mais suffisant pour dégager des profits substantiels. La priorité des éditeurs est désormais de constituer la communauté de joueurs la plus large possible : « Plus on rend un jeu accessible, plus celui-ci attire de monde. Les éditeurs ont réalisé que l'espérance de gains liée à l'acquisition d'extensions et d'objets virtuels est plus forte que celle d'un jeu "fermé" vendu simplement dans les bacs. Du coup, même des *blockbusters* pour consoles comme *Assassin's Creed*, *Tomb Raider* ou *Crysis 3* introduisent désormais des éléments d'accessibilité », constate Laurent Michaud, de l'IDATE. (Interview réalisée par l'auteur le 20 mars 2013.) La conversion au *free to play* a même permis de sauver de la banqueroute des titres comme *Age of Conan* ou *Star Wars: The Old Republic*, qui fonctionnaient jusqu'alors sur le modèle de l'abonnement payant.

Le paiement à l'acte ne bénéficie pas seulement aux éditeurs. Il offre aux joueurs une liberté nouvelle, celle de refuser de payer pour aller plus loin, obligeant ainsi les développeurs à redoubler d'imagination et d'efforts pour créer des jeux de qualité. L'efficacité redoutable du modèle a essaimé dans les autres industries culturelles. La formule *freemium* proposée par des sites de musique en ligne comme Deezer ou Spotify (une offre libre mais limitée associée à une offre payante) est l'héritière directe du modèle *free to play* né dans les cybercafés coréens.

Les smartphones, tablettes et bientôt la télé connectée assurent un avenir radieux au micropaiement. « Le *free to play* constitue les prémices d'un nouveau modèle de revenu universel pour l'industrie, quel que soit le type de jeux et le mode de distribution », n'hésite pas à prophétiser le Syndicat national du jeu vidéo dans son livre blanc paru fin 2012. La vente de biens virtuels pourrait ainsi représenter 50 % des revenus du marché dématérialisé en 2016, d'après l'International Data Group : « Nous allons implémenter dans chacun de nos jeux la possibilité d'acheter des choses en cours de route, que ce soit l'accès à un niveau supérieur, l'achat d'un nouveau personnage, d'un nouveau camion, d'une arme, tout ce qu'on peut imaginer[30] », a promis en mars 2013 Blake Jorgensen, le vice-président d'Electronic Arts lors d'une conférence organisée par la banque Morgan Stanley. Mais des voix s'élèvent déjà pour dénoncer la transformation du *free to play* en un modèle *pay per play*, voire *pay to win*. Le paiement ne serait alors plus optionnel mais deviendrait une condition pour terminer un jeu. Une logique proche de celle des DLC (*Downloadable Contents*), ces « contenus téléchargeables » déjà diffusés par certains éditeurs plusieurs semaines après la sortie d'un jeu pour permettre au joueur de découvrir des extensions (niveaux, personnages, etc.) et surtout l'empêcher de revendre le jeu sur le marché florissant de l'occasion. Une évolution dramatique qui remettrait en question la nature même de l'expérience ludique.

Les forçats du jeu

Secteur en pleine croissance, le jeu vidéo crée de l'emploi. Beaucoup d'emplois. En moyenne, 150 offres de postes sont à pourvoir chaque mois.

Mais malgré son dynamisme, la production de jeux vidéo demeure un marché de niche en France, avec un peu plus de 300 entreprises employant directement 5 000 personnes. Un tiers de ces sociétés a moins de deux ans d'existence et la moitié compte moins de dix salariés. Ces micro studios de développement dépendent souvent pour leur survie de subventions, notamment à travers le Fonds d'aide aux jeux vidéo (FAJV) et un crédit d'impôt recherche de 20 % sur les dépenses liées au développement d'un jeu. « Nous sommes dans une économie mondiale où la concurrence se trouve dans les paradis fiscaux du jeu vidéo, comme Singapour ou le Canada, où le crédit d'impôt s'élève à 50 % et qui a vu affluer les développeurs français. Là-bas, notre secteur emploie 15 000 personnes, contre seulement 500 au début des années 2000 », explique Julien Villedieu, délégué général du Syndicat national du jeu vidéo (SNJV), qui demande la mise en place d'un fonds d'investissement doté d'une centaine de millions d'euros pour maintenir la compétitivité d'un marché français fragile, loin d'avoir atteint sa maturité. (Interview réalisée par l'auteur le 8 avril 2013.) Pourtant, courir derrière le Canada, Singapour ou la Corée du Sud ne sert à rien, selon Olivier Mauco : « Il faut jouer le coup d'avance et encourager très fortement les jeux destinés aux nouvelles interfaces et nouvelles plates-formes, télé connectée en tête[31] », explique ce concepteur de médias ludiques et enseignant en *game design*, convaincu que l'innovation dans ce secteur passe par la création plus que par la technologie.

Game designer, sound designer, concepteur, programmeur, testeur… La plupart des vingt-huit métiers spécifiques identifiés par le Syndicat national du jeu vidéo nécessitent une formation très poussée. Pour répondre à la demande, des écoles spécialisées ouvrent leurs portes aux quatre coins du monde, dont l'École nationale du jeu et des médias interactifs numériques (ENJMIN) ou l'Institut supérieur de l'art digital ou ISART Digital en France. Le savoir-faire français en la matière est d'ailleurs reconnu mondialement, les studios américains et nippons n'hésitant pas à piocher dans le vivier de développeurs formés dans l'Hexagone. Mais les passionnés le savent bien, le jeu vidéo demeure un secteur précaire au vu de la charge de travail exigée. Seuls les travailleurs acharnés supportant d'infernales cadences peuvent espérer tirer leur épingle du jeu. Le légendaire « *crunch time* », période de rush durant laquelle les développeurs d'antan ne quittaient plus leur écran pour finir le travail dans les délais, ne cesse de s'étendre. Pour achever le développement du jeu *L.A. Noire*, le studio australien Team Bondi a fait travailler certains de ses employés plus de cent dix heures par semaine…

Produire un jeu vidéo prend des années. Jusqu'à sept ou huit ans pour les titres les plus élaborés. Une quarantaine de personnes planchent sur une première maquette. Puis vient le temps de la production, qui nécessite les services de 50 à 200 employés. Le verdict commercial engage alors l'avenir des équipes de production : soit celles-ci embrayent sur la production d'une suite ou d'un nouveau jeu, soit il faut réduire les effectifs pour compenser les pertes. Tout peut s'arrêter du jour au lendemain. Un modèle impitoyable, responsable de la disparition de nombreux studios de développement. Pour autant, les professionnels du jeu vidéo refusent de parler de précarité : « Le jeu vidéo est une industrie de passion même si certaines entreprises jouent sur cette fibre pour abuser des heures supplémentaires. Mais plus de 68 % des salariés du secteur sont en CDI, un chiffre plus élevé que dans l'animation ou le cinéma », souligne Julien Villedieu, pour qui le jeu vidéo « promet de créer demain bien plus d'emplois que d'autres secteurs qu'on s'évertue aujourd'hui à soutenir à coups de millions ». (Interview réalisée par l'auteur le 8 avril 2013.) Les petites mains accumulent de l'expérience en travaillant pour plusieurs éditeurs à la fois, en espérant décrocher un poste chez un des gros acteurs du marché. Pas de quoi effrayer l'immense réservoir de développeurs en herbe, prêts à devenir des forçats du jeu pour vivre de leur passion.

L'atomisation du marché

Depuis les années 1990, le marché du jeu vidéo est porté par les profits considérables générés par les géants de l'édition. Pour assurer la visibilité d'un jeu – et donc, à terme, sa rentabilité –, des sociétés comme Activision ou Electronic Arts investissent plusieurs centaines de millions de dollars dans des campagnes marketing. De quoi transformer des hits comme *GTA, Call of Duty* ou *FIFA* en véritables machines à cash, déclinées chaque année dans de nouvelles versions. « L'industrie du jeu représente énormément d'argent et constitue un magistral groupe de pression économique dont n'oseraient même pas rêver les industries du tabac, de l'armement et du cinéma réunies[32] », remarque le psychanalyste Jean-Charles Nayebi. Pourtant, depuis peu, même les géants vacillent. La lame de fond numérique est passée par là. Comme le cinéma, la musique et le livre, le jeu vidéo est un secteur en pleine mutation, qui s'adapte tant bien que mal à la dématérialisation des supports et des contenus.

Jusqu'en 2010, le fonctionnement du marché était limpide. Les jeux étaient créés par les studios de développement, puis distribués par les éditeurs dans les commerces où ils étaient vendus 70 euros en moyenne. Pour survivre, un petit studio n'avait pas le choix : il devait convaincre un éditeur d'acheter son jeu ou bien être racheté par l'un de ces gros poissons. Mais l'Internet haut débit et l'arrivée de plates-formes nomades parfaitement adaptées à un usage ludique – 49 % du temps passé par les Français sur leurs équipements mobiles est consacré au jeu[33] – a changé la donne. En supprimant les intermédiaires, le téléchargement relie directement le créateur au joueur. Une bouée de sauvetage pour nombre de petits éditeurs qui auraient fini, tôt ou tard, par mettre la clé sous la porte. « C'est le tour de force d'Apple : pouvoir dire à l'éditeur d'un jeu distribué sur sa plate-forme : "Je vous restitue 70 % des revenus générés." Résultat, il n'y a jamais eu autant de développeurs "dans leur garage" qu'aujourd'hui », constate Laurent Michaud. (Interview réalisée par l'auteur le 20 mars 2013.) Produire et distribuer un jeu à moindres frais a redonné une vigueur certaine à la scène indépendante, moteur de la créativité dans un secteur devenu frileux artistiquement. Dans une interview accordée au blog Playtime, Viktor Antonov, concepteur du jeu *Dishonored*, regrettait ainsi que la plupart des jeux soient « conçus avec une logique de sécurité financière. [...] Ce serait d'autant plus logique d'investir dans l'innovation que le dessin, la parole, l'écriture sont ce qui coûte le moins cher dans la production d'un jeu[34] ». Les développeurs indépendants ont exaucé son vœu. Un titre comme *Minecraft*, jeu de construction dans un paysage composé de cubes tout droit sorti de l'esprit d'un *geek* suédois, n'aurait jamais pu voir le jour sur console tant il défie les codes les plus établis du *gaming*.

En 2012, les applications et autres contenus ludiques dématérialisés représentaient déjà plus de la moitié du marché mondial du jeu, contre seulement 35 % l'année précédente[35]. À elle seule, la plate-forme de téléchargement Steam, fréquentée par 50 millions d'internautes, représente 60 % des parts de marché du jeu pour PC… L'annonce en janvier 2013 du licenciement de 400 salariés de l'enseigne Game France l'a confirmé : les boîtes de jeux ne sont plus qu'une relique du passé. Et après le temps du téléchargement viendra celui du *cloud gaming*. Le « jeu à la demande » permet déjà de jouer en streaming sur sa télévision ou son ordinateur grâce à des serveurs. Encore balbutiant, ce marché sonne le glas des consoles, dont la part dans le marché mondial est passée de 60 % des revenus en 2004 à 37 % en 2012[36]. « Le support physique est condamné d'ici dix à vingt ans, pronostique Laurent Michaud. Mais la dématérialisation du marché ne sera pas brutale car les détaillants sont encore les premiers clients des éditeurs. » (Interview réalisée par l'auteur le 20 mars 2013.) En juillet 2012, Sony a déboursé 380 millions de dollars pour s'offrir Gaikai, un service de jeu à la demande. La preuve que les géants du jeu vidéo se projettent déjà dans l'après-console.

Le pouvoir aux *gamers* ?

Plus libre, le joueur sera aussi plus impliqué dans la conception des jeux. Le studio canadien BioWare, par exemple, se fonde sur le retour d'expérience des joueurs en décortiquant les forums et les réseaux sociaux. En 2012, ses développeurs n'ont pas hésité à modifier la fin de *Mass Effect 3* pour satisfaire les fans, déçus par l'issue du scénario originel. Une conception du développement participatif qui a le vent en poupe. Fier d'être impliqué, le *gamer* assure la promotion de « son » jeu en devenant son propre porte-parole au sein de la communauté. Une publicité en amont de la sortie qui contribue au succès commercial du jeu. Pour autant, parler de cocréation semble encore prématuré. « La figure du joueur-producteur est encouragée par les majors. Dans le jeu *LittleBigPlanet*, ce sont les joueurs qui construisent leurs propres environnements. C'est tout bénéfice pour Sony, qui paie moins de développeurs et demeure le seul propriétaire de ces mondes créés par les joueurs. C'est d'ailleurs une tendance forte dans le numérique : l'utilisateur-producteur de contenus ne tire pas forcément de bénéfices de ce qu'il crée », constate Sébastien Genvo, maître de conférences à l'université de Lorraine et auteur du blog LudoLogique. (Interview réalisée par l'auteur le 27 mars 2013.)

Malgré une forme de récupération par l'industrie, le *gamer* occupe bien une place nouvelle dans l'écosystème vidéoludique. Le succès des « *bundles* » (le joueur verse la somme qu'il souhaite en échange du jeu) et celui du *crowdfunding* (le financement participatif sur Internet) en témoignent. La catégorie « jeux vidéo » de la plate-forme Kickstarter est, de loin, celle qui reçoit le plus de dons. Au total, en 2012, 1,4 million d'internautes ont promis 83 millions de dollars de dons sur ce site. Conçu par Tim Schafer, le jeu *Double Fine Adventure* (titre de travail) a reçu 3,3 millions de dollars, soit huit fois la somme escomptée ! C'est aussi grâce au *crowdfunding* que la première « console libre » a pu voir le jour. Baptisé Ouya, ce mini cube, fait par des *gamers* et pour des *gamers*, coûte seulement 79 euros et permet d'accéder gratuitement à des centaines de jeux *free to play*. Une revanche pour des joueurs lassés d'être pris pour des pigeons par les fabricants de consoles. L'édition 2013 du Salon mondial du jeu vidéo, à Los Angeles, a donné une preuve éclatante de l'influence grandissante de la communauté *gamer*. Microsoft a profité de cet événement pour dévoiler publiquement sa nouvelle console, la Xbox One. Si perfectionnée soit-elle, la nouvelle machine prévoyait notamment une connexion Internet obligatoire à renouveler toutes les vingt-quatre heures, ainsi que l'installation des fameux DRM, ces verrous numériques qui empêchent les joueurs de prêter ou de revendre un jeu. De quoi susciter l'ire des joueurs du monde entier. Face au déferlement de commentaires acerbes sur les forums, Microsoft a décidé de supprimer ces entraves technologiques et de plancher sur une nouvelle version de la Xbox One, à cinq mois de sa sortie mondiale… Du jamais vu dans l'histoire des consoles. Pour autant, le succès de la Ouya ne remet pas en question l'hégémonie des majors : « Le jeu vidéo va continuer de profiter du financement participatif, mais un acteur indépendant ne pourra pas lever de l'argent aussi facilement qu'un vétéran de l'industrie, souligne Laurent Michaud. Les fonds d'investissement restent timorés car le succès d'un jeu "indé" n'est jamais garanti. La formule "On ne prête qu'aux riches" ne sera donc pas démentie de sitôt. » (Interview réalisée par l'auteur le 20 mars 2013.)

Payé pour jouer

À défaut d'être considérés comme des cocréateurs de jeux, les *gamers* peuvent toujours espérer vivre de leur passion en devenant *pro gamer*, c'est-à-dire joueur professionnel. Sport national en Corée du Sud, son berceau, cette pratique appelée *e-gaming* est devenue une discipline à part entière, avec ses sponsors, ses agents, ses contrats juteux et ses retransmissions en *live streaming*, suivies par des dizaines de millions de passionnés. Seule la crème des joueurs peut espérer intégrer une équipe de professionnels, tous capables de lancer trois cents actions par minute sur leur clavier d'ordinateur. Autre condition : être jeune. Dans le monde cruel du *e-sport*, un joueur de 25 ans est en préretraite, la faute à une dextérité et à une acuité visuelle déjà déclinantes… Enfin, pour satisfaire les sponsors, il faut être prêt à vivre et à s'entraîner en équipe, jusqu'à quatorze heures par jour à l'approche des tournois. Si le circuit professionnel compte plusieurs milliers d'artistes du clavier, seule une poignée gagnent confortablement leur vie. Parmi eux, le Français Ilyes « Stephano » Satouri, 20 ans, champion de *StarCraft II* employé par l'équipe américaine Evil Geniuses, qui lui verse un salaire mensuel de 8 000 dollars, hors primes. Une autre figure tricolore a marqué l'histoire du *e-gaming*. À 19 ans seulement, Bertrand Grospellier, alias ElkY, s'envole pour Séoul, où il remporte plusieurs tournois de *StarCraft* dans des salles de plus de 20 000 spectateurs. Réflexes, sens de la stratégie, prise de décision rapide, maîtrise des émotions… C'est grâce à sa formation accélérée dans le *pro gaming* que le champion à la chevelure peroxydée devient en 2002 une star mondiale du poker, capable de jouer en ligne à soixante-deux parties simultanément…

Contrairement au poker, son prestigieux cousin, le *e-sport* est encore totalement ignoré par les médias occidentaux. Mais même chez nous, il pourrait bien finir par s'institutionnaliser. En 2012, dans la foulée de la victoire de l'équipe des Taipei Assassins en finale du championnat de *League of Legends*, la ministre taïwanaise de l'Éducation, Chiang Wei-ling, avait promis la création d'une filière universitaire destinée à former les futurs joueurs professionnels. Pouvoir étudier *StarCraft* à la fac, l'idée est séduisante. D'autant que ce serait une façon de reconnaître au jeu vidéo une légitimité culturelle qui le fuit encore.

Chapitre 4

LE DIXIÈME ART

Sous-culture *geek* à ses débuts, le jeu vidéo s'impose aujourd'hui comme un art majeur, qui influence considérablement les autres disciplines artistiques. Mais la culture *gamer* a beau gagner chaque jour du terrain, la reconnaissance médiatique et institutionnelle du jeu vidéo tarde encore à venir.

En décembre 2012, le Museum of Modern Art (MoMA) de New York a acheté quatorze jeux vidéo historiques destinés à intégrer la collection permanente de sa section « Design et architecture ». Qu'une institution aussi vénérable que le MoMA ouvre grandes ses portes au jeu vidéo n'est pas anodin. C'est même un signal fort envoyé au monde de la culture : « Le jeu vidéo est bien entendu une forme d'art. C'est l'une des expressions de la créativité contemporaine les plus importantes et les plus discutées », assure la conservatrice

Paola Antonelli sur le blog du musée[37]. Désormais, *Pac-Man* et *Les Sims* dorment sous le même toit que *Les Demoiselles d'Avignon* de Picasso et *Campbell's Soup Cans* de Warhol. Justice est faite. Ces héros de pixels méritaient une telle reconnaissance puisqu'ils font depuis longtemps partie du patrimoine culturel commun. Pourtant, l'initiative du MoMA est loin de faire l'unanimité. Critique d'art au *Guardian*, Jonathan Jones s'est ainsi empressé de dénoncer « l'imposture ludophile[38] ». Sa réaction outrée confirme le conservatisme d'une grande partie de l'establishment culturel, qui s'obstine à ne voir dans le jeu vidéo qu'un simple divertissement enfantin. Or, non seulement le jeu vidéo est un art à part entière, mais il est plus créatif et plus populaire que toutes les autres disciplines artistiques réunies.

Des œuvres sans visage

Game designer a longtemps été un métier frustrant. Difficile d'apporter sa touche esthétique au temps des pixels et des consoles 8-bits. En 1984, Chris Crawford pose les bases du métier en publiant *The Art of Computer Game Design*, premier ouvrage reconnaissant à la création vidéoludique une portée purement artistique[39]. Mais il faut attendre la maîtrise de la 3D et la mise au point de machines puissantes, dans les années 1990, pour libérer les créateurs de leurs chaînes. C'est l'heure de gloire des cinématiques, petits films intégrés aux moments stratégiques du jeu pour soutenir la narration, que le joueur admire passivement comme au cinéma. Bientôt, les développeurs apprivoisent les polygones. Faussaires de la réalité, ils conçoivent des graphismes à la beauté troublante. Fini les contraintes. Tout devient possible. « Si Léonard de Vinci, David Griffith ou Michel-Ange étaient vivants aujourd'hui, il est probable qu'ils opéreraient dans une édition de jeux vidéo », ose Daniel Ichbiah. L'écrivain n'hésite pas à qualifier certains *game designers* de « maîtres » ayant su créer « un nouveau langage universel transcendant le temps et l'espace »[40]. Les studios fonctionnent effectivement sur le modèle des ateliers de la Renaissance. Comme Vinci et Botticelli, les *game designers* ont derrière eux une armée de petites mains expertes et ultraspécialisées, apportant leur savoir-faire en matière de mouvement des personnages ou d'architecture sonore. Certains sont même capables de modéliser la transparence de la peau humaine due à la réflexion de la lumière pour un rendu plus réaliste… Une conception collective et artisanale de la création, sans équivalent dans les autres disciplines artistiques. Le roman et la bande dessinée s'écrivent à deux ou quatre mains. Même chose pour la musique. Et s'il nécessite une équipe de tournage élargie, un film est d'abord associé à son réalisateur. Pour le critique Jonathan Jones, c'est justement parce qu'un jeu vidéo n'a pas de visage qu'il ne peut être considéré comme une œuvre d'art : « Une œuvre d'art est la réaction d'une personne face à la vie. [...] Or les univers créés par les jeux électroniques ressemblent davantage à des terrains de jeu où l'expérience naît de l'interaction entre un joueur et un programme. Le joueur ne peut pas prétendre imposer sa vision personnelle de la vie dans le jeu, et le créateur du jeu a cédé cette responsabilité. Personne n'est propriétaire du jeu : il n'y a donc pas d'artiste, et par conséquent pas d'œuvre d'art[41]. » Jones touche ici un autre point sensible : le jeu vidéo est prisonnier de sa dimension mathématique. Avant d'être une œuvre de l'esprit, un jeu vidéo est d'abord un programme informatique, une suite de 0 et de 1 que le joueur se contente d'orienter dans un sens ou dans l'autre en fonction des consignes chiffrées données par le développeur. C'est la « dimension disciplinaire » qu'évoque le philosophe Mathieu Triclot, qui préfère parler d'une « expérience de créativité » plutôt que d'un art : « On est loin de la liberté créatrice qui, elle, ne part de rien. Avec le jeu vidéo, nous sommes dans l'adaptation à une logique de programme, avec ses codes et ses contraintes[42]. »

Frustrés dans leur discipline, séduits par le potentiel commercial du jeu vidéo, beaucoup d'artistes décident de franchir le Rubicon pour découvrir ce nouvel eldorado créatif. Les stars d'Hollywood jouent des coudes pour prêter leurs traits aux héros virtuels (Aaron Staton dans *L.A. Noire*) ou leur voix (Samuel L. Jackson dans *GTA*, Martin Sheen dans *Mass Effect 2* et *3*, Christina Ricci dans *The Legend of Spyro*, etc.). Même engouement chez les musiciens, à l'image du groupe punk Health, à qui l'on doit les six heures de la bande originale de *Max Payne 3*, ou du producteur Neil Davidge, tête pensante de Massive Attack, qui a conçu la musique du jeu *Halo 4*. Pour continuer à travailler sur de longs formats de fiction, les compositeurs de télévision se lancent également dans le jeu vidéo. C'est à Daniel Licht, compositeur de la série *Dexter*, qu'on doit par exemple la bande originale flippante du jeu de chasse aux zombies *Silent Hill*. Lontemps composées de tubes du moment ou de quelques mélodies aussi entêtantes qu'irritantes, les BO de jeux vidéo sont devenues de puissants ressorts narratifs. « La partition n'est jamais jouée deux fois de la même manière. J'aime bien regarder des gens jouer à *Call of Duty*, c'est comme regarder un DJ mixer ma musique[43] », raconte Brian Tyler, compositeur du célèbre jeu de guerre. Comme le théâtre, le jeu vidéo est un art vivant qui laisse toute sa place au hasard et à l'interprétation, un art destiné à être exploré, manipulé, transformé par les joueurs.

Les limites du *fun*

« Lorsque j'ai senti le cœur de la jeune fille battre par les vibrations de la manette, j'en ai pleuré. Je percevais pour la première fois, face à un jeu vidéo, ce même sentiment éprouvé […] face aux œuvres de Füssli, Caravage, Friedrich, Bosch, ce sentiment proche du spleen ou de la mélancolie. Le terrain du jeu comme expérience esthétique, proche des troubles du voyageur, ces expériences que Stendhal avait vécues jusqu'au vertige, lors de son voyage en Italie[44]. »

Jouer à *Ico* a bouleversé le cours de la vie de Margherita Balzerani. Les mains moites, les joues humides, elle décide de partager avec le public ses émotions vidéoludiques. Depuis ce jour, cette commissaire d'exposition et critique d'art déniche les artistes contemporains qui s'inspirent, utilisent ou détournent des jeux vidéo. Tout ça grâce au savoir-faire du génial Fumito Ueda. Ce concepteur japonais est l'un des rares créateurs dont les jeux sont unanimement salués comme de petits chefs-d'œuvre. Justement parce que *Ico* ou *Shadow of the Colossus* sont plus que de simples jeux. Beaux avant d'être divertissants, ils sont empreints d'une poésie inédite sur écran car ils explorent les ressorts émotionnels de l'amour, de la tristesse ou de la solitude. Des sentiments omniprésents dans notre vie quotidienne mais sacrifiés par la création vidéoludique sur l'autel du *fun*. Car dans l'esprit des éditeurs – et des joueurs – un jeu vidéo se doit d'être avant tout un objet de divertissement. Cette dimension ludique, qui fait tout son sel, constitue cependant un frein à la reconnaissance de la portée artistique du jeu vidéo. Même si des Jeff Koons ou Takashi Murakami ont redonné ces dernières années des couleurs à une création artistique ironique et divertissante, dans l'imaginaire collectif, l'art n'est pas un jeu d'enfant. C'est une affaire sérieuse. « Même s'il est de moins en moins handicapant, le terme "jeu vidéo" est très réducteur. Ça fait futile, pas sérieux. Dans l'inconscient des gens, jouer est encore une perte de temps », regrette Julien Villedieu, le délégué général du SNJV. (Interview réalisée par l'auteur le 8 avril 2013.) Concepteurs et *game designers* se retrouvent donc confrontés à une équation quasiment insoluble : comment produire des jeux à la fois amusants et sérieux, alliant un *gameplay* exemplaire et une expérience sensorielle puissante ?

Des jeux engagés (mais pas trop)

Le jeu vidéo traîne un autre boulet. Objet ludique et commercial par nature, il est jugé moins apte que d'autres médias à formuler des discours critiques sur la société. Pourtant, s'il songe à divertir avant de donner à penser, le concepteur d'un jeu transmet toujours, consciemment ou non, des visions du monde, des idéologies, des messages politiques. Ainsi, *Les Sims 2* avaient-ils une longueur d'avance sur la réalité en rendant possibles, dès 2004, le mariage et l'adoption entre couples homosexuels. Le jeu de simulation *SimCity* permet de bâtir des villes fondées sur l'étalement urbain à l'américaine, sans possibilité de réaménager un ancien centre-ville ou de rendre la mixité sociale prioritaire. Dans *BioShock Infinite II,* hit sorti en 2013, le joueur explore Columbia, une cité perchée au-dessus des nuages. Bâtie par les États-Unis, cette ville abrite une microsociété fasciste et puritaine qui a fait sécession avec l'Amérique, qualifiée de « Sodome inférieure ». Pas vraiment l'univers de *Tetris* ou de *Mario Kart*… « Même un jeu comme *Pac-Man* est porteur d'un regard critique, celui de la société japonaise de la fin des années 1970, au moment où celle-ci accède brutalement à la société de consommation. D'où la métaphore du personnage qui dévore tout ce qui bouge et se dévore lui-même lorsqu'il est touché », estime le sociologue Alexis Blanchet. (Interview réalisée par l'auteur le 8 avril 2013.) Mais les jeux « critiques » sont rares. La plupart du temps, « ils reflètent les idéologies dominantes de notre époque, faisant la part belle au néolibéralisme », assure son collègue Laurent Trémel, pour qui ils jouent surtout « un rôle de normalisation, comme en d'autres temps des jeux de l'oie à thème militaire ont pu aider au développement d'un sentiment "guerrier" chez les garçons qui y jouaient ». (Interview réalisée par l'auteur le 25 mars 2013.) Pourtant, dans la plupart des jeux, la trame idéologique demeure une toile de fond, un simple cadre ludique. Le jeu vidéo n'a toujours pas – et n'aura peut-être jamais – la puissance rebelle de certaines œuvres de fiction ou d'art contemporain : « Cinquante ans après sa création, le cinéma était déjà capable de produire des films à la fois engagés politiquement, florissants économiquement et divertissants, comme ceux de Charlie Chaplin. On ne peut pas vraiment dire la même chose du jeu vidéo, une industrie qui s'est globalisée très tôt dans son histoire par rapport au cinéma, constate Sébastien Genvo, ancien *game designer* et maître de conférences à l'université de Lorraine. (Interview réalisée par l'auteur le 27 mars 2013.) Bien sûr, il existe des jeux riches et profonds comme *Mass Effect,* porteurs d'une réflexion sur le racisme et l'altérité. Mais seuls quelques jeux marginaux, le plus souvent issus de productions alternatives, abordent des thématiques telles que la pédophilie ou l'euthanasie, comme ce peut être le cas dans le cinéma populaire, par exemple dans les films de Clint Eastwood. »

La puissance de l'immersion

À défaut de produire des œuvres contestataires, le jeu vidéo sait inventer de nouveaux langages narratifs en exploitant le potentiel de l'interactivité. Contrairement aux autres médias, il permet de dépasser le rôle de simple spectateur pour devenir également acteur de l'histoire qui se déroule à l'écran. Il réagit au doigt et à l'œil, en temps réel, comme par magie, donnant la sensation au joueur d'être dans le jeu. Un superpouvoir nommé immersion, qui offre une sorte d'expérience émotionnelle augmentée, plus puissante que la projection d'un film ou la visite d'une exposition : on passe de l'interprétation passive à la transformation active. Et forcément, on s'identifie plus facilement à un avatar dont on a maîtrisé durant des heures les moindres faits et gestes qu'au héros d'un long métrage, si attachant soit-il : « Ce qui est merveilleux avec les jeux vidéo, c'est que vous vous sentez impliqué – vous vous sentez coupable vous-même[45] », résume le créateur britannique de jeux vidéo Peter Molyneux. Grâce à l'interactivité, même un scénario médiocre vous transporte. « Un scénario que le joueur peut vivre et infléchir jusqu'à la fin de la partie. C'est en cela que le jeu vidéo est un produit de l'imagination assimilable à de l'art[46] », écrit l'artiste John Maeda.

La puissance de l'immersion propre à l'expérience vidéoludique fait des émules. Format narratif en plein essor, le webdocumentaire adopte la logique du récit à choix multiples chère au jeu vidéo. Au cinéma, les emprunts sont encore plus évidents : « Toute une génération de réalisateurs aujourd'hui quarantenaires s'est forgé une culture qui intègre les codes du jeu vidéo, constate Alexis Blanchet. Ils n'hésitent pas à récupérer et transposer cette grammaire dans leurs films. Je pense par exemple aux *scrawlings* de caméra de Wes Anderson dans *Fantastic Mr. Fox*, ou bien à la "ghost car" de *Speed Racer* des frères Wachowski, clin d'œil évident aux jeux de course automobile. » (Interview réalisée par l'auteur le 8 avril 2013.) Avec ses récits emboîtés et sa logique de niveaux, *Inception*, de Christopher Nolan, repose aussi sur les structures narratives d'un jeu d'aventures classique. Et pour mettre en scène la fusillade de Columbine, Gus Van Sant a recours dans *Elephant* au même angle de caméra embarquée que celui des « FPS », les jeux de tir à la première personne (« first person shooter »).

À force d'emprunts, les frontières entre cinéma et jeux vidéo se brouillent, au point que de plus en plus de réalisateurs sont convaincus que l'avenir est au « transmédia », c'est-à-dire à la fusion pure et simple des deux arts en une forme hybride, à la puissance ludique, sensorielle et interactive encore inédite. « Je pense que la prochaine grande étape dans la narration d'histoires de genre repose sur le jeu vidéo. [...] Nous sommes à l'aube d'une nouvelle façon de raconter des histoires, par le biais de multiples plates-formes[47] », prédit le cinéaste mexicain Guillermo del Toro, dont le studio Mirada, spécialisé dans le transmédia, travaille sur un projet de jeu d'action horrifique baptisé InSane. Jacques Attali lui-même est convaincu que « le jeu vidéo est l'avenir du cinéma ». Dans une tribune publiée en 2009, le « toutologue » évoque un futur où « le spectateur ne sera plus assujetti à suivre une histoire préétablie mais pourra à sa guise défaire, reconstruire, dévier ou modeler les séquences du film. Il deviendra un "générateur de récits" ». Un peu comme dans les « livres dont vous êtes le héros », ces petits ouvrages à la mode dans les années 1980, qui permettent au lecteur d'orienter le récit d'aventures dans la direction souhaitée. Sauf que cette fois, il s'agira de devenir le personnage principal d'une histoire dont la trame pourra se dérouler sur plusieurs années : « On verra au cinéma les gens se raconter à eux-mêmes des histoires, et se mettre en scène[48] », annonce Jacques Attali. Une prédiction loin d'être farfelue puisque la narration vidéoludique s'échappe déjà du cadre virtuel pour gagner la vie réelle. Comment ? Grâce aux « jeux en réalité alternée » (*alternate reality games, ARG*), des chasses au trésor associant la manipulation d'outils numériques et la visite d'espaces physiques bien réels. Pionnier des ARG en France (*In Memoriam*, *Alt-Minds*), le créateur Éric Viennot n'hésite pas à décrire ces jeux de pistes comme une forme de « fiction totale ». Sans surprise, Google s'est lancé dans l'aventure. Fin 2012, la firme de Mountain View a sorti *Ingress*, un ARG qui met en scène la bataille entre les Résistants et les Illuminés pour le contrôle d'une nouvelle énergie présente dans notre atmosphère. Le joueur doit choisir son camp et arpenter les villes du monde entier à la découverte d'indices souvent placés à proximité des monuments historiques. Même s'il permet de toucher des millions de joueurs potentiels grâce à la puissance virale des réseaux sociaux, le modèle des ARG est encore balbutiant. D'après le journaliste Frank Rose, la collusion et l'hybridation permanentes entre littérature, jeu vidéo, cinéma, séries télévisées et réseaux sociaux est plutôt en train de donner naissance à une nouvelle façon de raconter des histoires, qui dépasse le cadre ludique des ARG. Un modèle narratif participatif et non linéaire appelé à se généraliser, que le journaliste de *Wired* appelle « *deep media*[49] ».

Deep media, transmédia, crossmédia, multimédia… Chacun y va de son concept théorique pour annoncer la révolution à venir. Une révolution qui tarde d'ailleurs à se matérialiser : « Dans les années 1940, Disney faisait déjà du multimédia en diffusant sa production sur plusieurs supports. Mais au final, la fusion entre les différents médias n'a jamais vraiment eu lieu. Je dirai plutôt qu'ils coexistent, chacun trouvant sa place dans l'écosystème médiatique », estime Alexis Blanchet. (Interview réalisée par l'auteur le 8 avril 2013.) À défaut de fusionner avec les autres arts, le jeu vidéo a gagné ses galons en s'imposant comme une forme artistique hybride : à la puissance de l'imaginaire littéraire, à la force sensorielle du cinéma, à la création manuelle de la peinture, le jeu vidéo ajoute la puissance de l'immersion. Un cocktail détonant et plein de promesses.

Le roturier de la culture

De la même manière qu'elle a bouleversé la sociologie et l'économie du secteur, la révolution numérique a boosté le processus de reconnaissance culturelle du jeu vidéo. Le temps du mépris, du dénigrement et de l'ignorance est révolu – ou, tout du moins, circonscrit à quelques cercles d'irréductibles. Le jeu vidéo s'immisce aujourd'hui au cœur d'espaces jusqu'alors réservés aux arts dits « majeurs ». Et pas des moindres. Outre le MoMA, plusieurs musées ouvrent leurs portes à la culture *gamer*, à l'image des rétrospectives organisées par le Grand Palais (*Game Story*) fin 2011 et le Smithsonian American Art Museum à Washington (*The Art of Video Games)* en 2012. En France, la Cité des sciences de Paris a inauguré en octobre 2013 en son sein une « Cité du jeu vidéo », un espace de plus de 1 000 mètres carrés dédié à la culture vidéoludique. En France, la valeur esthétique du jeu vidéo est même saluée en haut lieu : une dizaine de *game designers* ont déjà reçu la médaille de chevalier de l'ordre des Arts et des Lettres des mains du ministre de la Culture. Ces coups de tampon institutionnels ne doivent pourtant pas être interprétés comme l'adoubement définitif du jeu vidéo par ses pairs du monde culturel, estime le sociologue Éric Maigret : « C'est une ouverture pseudo-tolérante aux cultures d'aujourd'hui sur le mode de l'instrumentalisation : il s'agit de redoubler la différence entre les arts, en disant que la grande maison de l'art majeur accueille provisoirement, généreusement, l'art supposé mineur. C'est un phénomène que l'on rencontre d'ailleurs dès les années 1950 et 1960 avec le pop art. Le même phénomène existe avec la bande dessinée, avec des expositions comme "BD et architecture", qui semblait dire "Essuyez-vous les pieds avant d'entrer dans le temple de l'architecture contemporaine"[50]. »

Comme la bande dessinée en son temps, le jeu vidéo passe encore en haut lieu pour un simple roturier de la culture, un vulgaire amuseur public. La reconnaissance de son statut de « dixième art » tarde à venir. Et ce n'est pas la communauté des *gamers* qui fera bouger les choses. Certes, quelques archivistes chevronnés ont entrepris de préserver et de valoriser le patrimoine vidéoludique, à l'image de l'association MO5, qui œuvre à la constitution d'une mémoire collective du jeu vidéo. Mais l'immense majorité des joueurs se moque bien de voir l'objet de leur passion partir à la conquête des musées. La culture *gamer* n'est pas celle des vernissages mondains. Elle ignore les us et coutumes de la culture élitiste, qui le lui rend bien. Mais alors, d'où vient cette soif de légitimité ? Du lobbying intensif des industriels du jeu vidéo, lassés d'être considérés comme un secteur émergent. Au début des années 2000, la pression des éditeurs avait permis de constituer un syndicat et d'obtenir une aide financière publique pour faire face aux difficultés du secteur. Aujourd'hui, la reconnaissance artistique du jeu vidéo permettrait aux industriels de figurer en tête des priorités du ministère de la Culture.

Plus que la pression des lobbies, c'est la question générationnelle qui devrait trancher définitivement la querelle byzantine opposant ludophiles et ludophobes sur la nature artistique du jeu vidéo. Tôt ou tard, il sera reconnu comme le « dixième art », ainsi que l'appelaient de leurs vœux dès 1993 les frères Alain et Frédéric Le Diberder dans leur livre *Qui a peur des jeux vidéo*[51] ? « Le temps va faire son affaire, positive Julien Villedieu. Toutes les autres industries culturelles ont dû en passer par là. Il y a dix ans, les séries télé étaient considérées comme de la trash TV. Aujourd'hui, c'est la panacée... » (Interview réalisée par l'auteur le 8 avril 2013.) Médium jeune, encore en pleine maturation, le jeu vidéo a la cinquantaine pimpante. Pas vraiment l'âge de raison, plutôt l'âge des cavernes : « Comparé au cinéma, certains diront qu'il en est aux années 1950. Je dirais plutôt les années 1910[52] », nuance Éric Viennot. Même s'il vit sa préhistoire, le médium vidéoludique est déjà un champ d'études universitaires à part entière. Dans les facultés anglo-saxonnes, les *game studies* s'intéressent aux processus d'immersion et aux mécanismes vidéoludiques, tandis qu'en France les chercheurs se concentrent plutôt sur la façon dont les *gamers* s'approprient les jeux vidéo. De plus en plus nombreux, ces universitaires ouvrent une brèche dans l'étude sociologique des médias, trop longtemps réservée aux pratiques et aux œuvres culturelles « légitimes », au détriment des produits culturels populaires liés à la culture de masse. En portant sur les jeux vidéo un regard critique et dépassionné, ces universitaires – souvent *gamers* assidus à leurs heures perdues – contribuent à briser les idées reçues et les préjugés qui hantent encore l'imaginaire populaire sur les jeux vidéo, nourri par un demi-siècle de faux procès et d'accusations en tout genre.

Chapitre 5

DES JEUX DANGEREUX, VRAIMENT ?

Les jeux vidéo peuvent rendre dépendant mais pas accro. Ils peuvent rendre agressif mais pas violent. Pourtant, depuis les années 1970, ils sont accusés, à tort, de tous les maux. Un procès illégitime qui contribue à véhiculer des clichés et à dégrader l'image des jeux vidéo dans l'opinion.

Anders Breivik, l'auteur de la tuerie d'Utøya ? Un fan de *Call of Duty* et de *World of Warcraft*. Eric Harris et Dylan Klebold, les assassins du lycée de Columbine ? Des adeptes de *Doom* et de *Wolfenstein*. James Holmes, l'homme qui a transformé à Aurora l'avant-première de *Batman: The Dark Knight Rises* en bain de sang ? Lui aussi champion de *World of Warcraft*, Adam Lanza, le gamin qui a massacré à Newtown une trentaine de camarades d'école avec les armes de sa mère ? Un autre fidèle de *Call of Duty*. La liste est longue de ces meurtriers obsédés par les jeux vidéo, capables de rester des heures reclus dans leur antre pour perfectionner leur technique de tir sur console, en attendant le « grand jour ». Et forcément, quand vous comptez dans votre fan-club de tels olibrius, difficile d'éviter les faux procès et les accusations en tout genre. Ces agités du bocal ne se rendent pas compte du tort qu'ils causent à leur passe-temps favori.

À chaque nouveau fait divers sordide se rejoue la même histoire : incapables de trouver une explication rationnelle à ces meurtres de masse, certains journalistes et politiques préfèrent s'en prendre au jeu vidéo et, lancées au nom de la morale, leurs accusations hasardeuses et dépourvues de fondement scientifique visent surtout à doper les ventes ou leur cote de popularité. « Ravaillac aurait joué à la Nintendo DS avant de planter Henri IV », ironisait en novembre 2012 @sebmusset sur Tweeter, choqué par une enquête du journal *Le Point :* « Jeux vidéo : permis de tuer[53] », accusant les jeux violents de former les Anders Breivik et autres Mohamed Merah de demain. Victime de son succès commercial et de sa capacité à simuler un peu trop parfaitement la réalité, le jeu vidéo apparaît comme le bouc émissaire idéal pour quiconque n'a jamais tenu une manette entre ses mains.

Passage à l'acte ou catharsis ?

À première vue, l'argument semble imparable : une exposition trop soutenue à des images violentes risque de désensibiliser les joueurs vis-à-vis du meurtre et de les inciter à imiter leurs héros « dans la vraie vie ». C'est la fameuse théorie du passage à l'acte, défendue par celles et ceux qui sont convaincus du pouvoir de l'image et de l'imitation. Poussons cette hypothèse jusqu'au bout : si Adam Lanza jouait à *Call of Duty*, les quelque 100 millions de personnes qui ont acheté ce jeu risquent donc à tout moment de débarquer, kalachnikov au poing et les yeux injectés de sang, dans la cour de l'école en bas de chez eux… Terrifiant. Et surtout stupide. Car ces « tueurs de masse » ne partagent pas seulement une passion pour les jeux vidéo violents : ils souffrent tous de troubles mentaux graves. Schizophrénie et troubles narcissiques pour Breivik, autisme aggravé dans le cas de Lanza, déprime, humeur suicidaire et paranoïa pour Harris et Klebold… Des casiers pathologiques plutôt chargés qui expliquent mieux leur conduite que leur goût immodéré pour le dégommage d'ennemis virtuels. « Les comportements explicitement violents prenant prétexte d'images relèvent toujours de pathologies sous-jacentes avérées[54] », reconnaît d'ailleurs l'Académie des sciences.

À la théorie du passage à l'acte – qui sous-entend que les joueurs sont incapables de prendre leurs distances avec les mondes virtuels qu'ils explorent – plusieurs psychologues opposent la théorie inverse, celle de la catharsis. Le jeu vidéo jouerait le rôle de défouloir, d'exutoire, de punching-ball virtuel, permettant au joueur de libérer ses pulsions agressives, de contrôler en fiction ce qui d'ordinaire lui échappe. Soupape de sécurité, il éviterait justement le passage à l'acte : « Les jeux vidéo opèrent une fonction cathartique dans la mesure où le joueur s'identifie au héros du jeu, et par là peut se libérer de ses propres angoisses en les projetant sur un autre plan[55] », écrit le psychologue Benoît Virole. Hypothèse séduisante, validée en 2011 par une étude de l'université du Texas, qui soutient que la pratique des jeux vidéo violents serait l'un des dix facteurs expliquant la baisse constante du taux de criminalité aux États-Unis depuis le début du XXIe siècle. Les auteurs de l'étude saluent « l'effet d'incapacitation » de ces jeux : en clair, le temps passé à jouer sur un écran réduirait d'autant celui passé dans la rue et, corollairement, le risque d'avoir des comportements violents[56]. Des résultats qui valident les observations de la sociologue Karen Sternheimer. Statistiques du FBI à l'appui, la chercheuse a démontré que, dans les dix ans qui ont suivi la sortie du premier jeu de tir hyperréaliste *Doom* (1993-2003), le nombre de meurtres perpétrés par des mineurs a baissé de 77 % aux États-Unis[57]. Pour autant, attention à ne pas tomber dans l'angélisme. L'abus de jeux vidéo est dangereux pour l'équilibre mental de certains *gamers*. Consommés sans modération, ils peuvent engendrer des idées et des comportements agressifs, à défaut d'inciter au crime.

Une violence gratuite mais fictionnelle

Le procès du jeu vidéo pour incitation à la violence n'a pas démarré avec la tuerie de Columbine. Il dure depuis quarante ans. En 1976, la chaîne américaine CBS organisait un débat sur l'influence néfaste du jeu d'arcade *Death Race,* qui consistait à écraser des gremlins au volant d'un bolide. À l'époque, même les joueurs les plus influençables devaient pourtant rester de marbre face à la médiocrité des graphismes. Depuis, des dizaines de jeux mettant en scène une violence plus ou moins gratuite ont choqué les âmes sensibles, profitant par ailleurs de leur réputation sulfureuse pour s'arracher comme des petits pains. Les *gamers* ont ainsi eu l'occasion de brûler vifs les passants (*Postal*), d'arracher la tête ou le cœur de l'adversaire (*Mortal Kombat*), de démembrer l'ennemi (*Soldiers of Misfortune*) ou de torturer leur victime en plongeant sa tête dans l'eau bouillante ou un broyeur à ordures (*The Punisher*). Des passe-temps plus vicieux que la marelle ou les osselets : « La mise en scène de la violence dans les jeux vidéo est plus spectaculaire : il y a de l'image et du mouvement, ce qui rend le processus plus engageant », estime le sociologue Vincent Berry, qui souligne que si « la violence en général est de moins en moins un euphémisme, [...] elle reste fictionnalisée dans le monde du jeu »[58]. En revanche, la violence psychologique est bien réelle pour les soldats de l'US Air Force, qui doivent désormais appuyer sur un bouton pour détruire leurs cibles à distance. Censée être « plus humaine », la guerre des drones semble être la face cachée du jeu vidéo. Une extension morbide et bien réelle de la culture ludique, qui ne contribue pas vraiment à redorer son blason dans l'opinion.

L'écho médiatique accordé à la violence gratuite de certains jeux laisse à penser que tous les univers virtuels sont faits d'hémoglobine, de chair à canon et d'armes de destruction massive. Si les jeux de tir à la première personne – *Call of Duty* en tête – comptent parmi les hits les mieux vendus, l'immense majorité des titres mis sur le marché ne contiennent pas la moindre scène de bagarre, de guerre ou de meurtre. 82 % des jeux proposés sur le marché français sont étiquetés « tous publics », 5,7 % réservés aux « 12 ans et plus » et 12,3 % ne s'adressent qu'aux joueurs âgés d'au moins 16 ans, d'après le système de marquage *PEGI* (Pan European Game Information), conçu pour informer les parents sur le contenu des jeux qu'ils offrent à leur progéniture[59]. Des icônes figurant sur la boîte de jeu signalent ainsi l'âge minimum à partir duquel celui-ci peut être pratiqué (+ 3, + 7, + 12, + 16 ou + 18), mais indiquent également la présence de scènes violentes, sexuelles ou de consommation illégale. De nombreux jeux prévoient même des options de contrôle parental permettant d'atténuer la violence de certaines scènes. Autant de mesures de vigilance qui viennent contrebalancer la liberté totale dont bénéficient les *gamers* en magasin, où les jeux de guerre, en libre accès, côtoient dans les rayons ceux de sudoku ou de dressage de poneys. Utiles, ces précautions semblent pourtant bien dérisoires à l'heure où plus de la moitié des titres sont achetés par les joueurs sur des plates-formes de téléchargement. Le contrôle parental dématérialisé reste à inventer.

Le plaisir de la transgression

En 1999, en pleine hystérie post-Columbine, l'association Familles de France décrit les éditeurs et distributeurs de jeux vidéo comme des « pervertisseurs de jeunesse[60] ». Six ans plus tard, la sénatrice américaine Hillary Clinton se fait à son tour remarquer en accusant le jeu *Grand Theft Auto: San Andreas* de « voler l'innocence de nos enfants[61] »... Des propos hors de mesure, déjà entendus en d'autres temps. Enfant du blues, la musique du diable, le rock a longtemps été décrit comme une culture immorale, subversive et donc dangereuse pour la jeunesse. Les mêmes critiques se sont abattues plus tard sur les jeux de rôle, accusés par certains de jeter les adolescents dans les bras de Satan, puis sur les dessins animés japonais, jugés trop violents. Ces coups de semonce traduisent la panique morale de ceux qui refusent d'accepter les mutations progressives de la culture ludique. « Chaque génération a eu ses diables : au XVIe siècle, c'était la littérature, puis ça a été les romans noirs, les mangas, les jeux de rôle, le rock, le métal, la télévision... Aujourd'hui, c'est le jeu vidéo, et demain, ce sera autre chose, quand le jeu aura lassé et qu'on aura compris qu'il n'est pas porteur des maux qu'on veut lui attribuer[62] », espère Vanessa Lalo, psychologue clinicienne spécialiste des écrans.

Dans leur croisade moraliste, les ennemis du jeu vidéo oublient pourtant une donnée essentielle : la transgression est l'un des mécanismes fondamentaux du jeu tel que l'a défini l'écrivain et anthropologue Roger Caillois. Jouer, c'est d'abord jouer un rôle, faire semblant, faire « comme si », construire un récit imaginaire, détourner les règles de la vie pour en établir de nouvelles, travestir la réalité pour en inventer une autre, plus dangereuse et plus amusante. Un peu comme au carnaval, quand les rôles sociaux des uns et des autres s'inversent le temps d'une fête populaire. « N'est-ce pas précisément l'une des fonctions essentielles d'un loisir que de permettre une évasion, voire une régression, dans un monde où les interdits n'existent plus[63] ? », rappellent ainsi les addictologues Marc Valleur et Jean-Claude Matysiak. D'une partie à l'autre, le fan de *Counter-Strike* joue au terroriste puis au contre-terroriste sans le moindre scrupule, comme le joueur de baby-foot alterne entre l'équipe bleue et l'équipe rouge. Les décors ne sont finalement qu'un prétexte, un révélateur de la puissance ludique du jeu.

À ce titre, la série des *Grand Theft Auto* est exemplaire. Dans ce jeu-culte qui a fait couler beaucoup d'encre, le joueur incarne un voyou qui peut tout faire, et surtout le pire : voler des voitures, écraser d'innocents piétons, agresser une vieille dame, ramasser une prostituée sur le trottoir ou cribler de balles les policiers qui le poursuivent. Il peut le faire, mais il n'est pas contraint de le faire. Ce jeu n'est pas immoral mais amoral : le joueur a la possibilité de prendre son destin en main, il peut devenir un caïd de la mafia de manière « propre » ou, au contraire, brutale et décadente. La puissance ludique de *GTA* tient justement à cette nuance, cette extraordinaire sensation de liberté, quand la subversion devient possible mais pas obligatoire.

L'écran hypnotiseur

En voyant son fils déguisé en cow-boy tirer sur des Indiens imaginaires en imitant le sifflement des balles de son colt en plastique, une mère esquissera probablement un sourire attendri. En le voyant triturer en silence sa manette pour descendre quelques Sioux virtuels sur l'écran du salon, elle lui demandera plus sûrement d'aller faire ses devoirs avant de passer à table. Pourquoi une telle inégalité de traitement ? À cause de l'écran, objet de tous les fantasmes, filtre glacé qui continue de fasciner et d'effrayer alors même qu'il s'est imposé dans notre vie quotidienne. L'écran exige la concentration, le silence, l'immobilisme. Comme la lecture, mais en pire : « Ma mère me répétait toujours : "Tu passes ton temps dans les livres, va jouer." Ça n'a pas beaucoup changé : les vieux disent encore la même chose. Une révolution extraordinaire est en train de se produire, qu'il vaut mieux regarder en face[64] », remarque le philosophe Michel Serres, toujours bienveillant à l'égard des outils numériques.

De l'extérieur, l'apparence du joueur peut faire peur. Son esprit, comme sous hypnose, est plongé dans le jeu grâce à une prothèse (manette ou souris), une extension de lui-même le reliant au monde virtuel qu'il est en train d'explorer. Cette posture a de quoi alimenter le stéréotype du *gamer* accro aux jeux vidéo, incapable de décoller le nez de l'écran, comme s'il souffrait d'une addiction à une drogue dure. Que disent les statistiques en la matière ? Que les *gamers* français jouent 12 heures et 12 minutes en moyenne par semaine[65]. À première vue, c'est un temps considérable. Mais tout est relatif lorsque l'on sait que la population française

– et non plus seulement celle des joueurs – passe 3 heures 47 minutes par jour à regarder la télévision… Surtout, cette moyenne traduit mal la diversité des pratiques entre *hardcore gamers* et *casual gamers*. En effet, 25 % des joueurs jouent moins d'une heure par semaine, contre plus de 22 heures hebdomadaires pour les adeptes des jeux en réseau du type *World of Warcraft* !

Là encore, le débat sur l'addiction aux jeux vidéo est régulièrement nourri par des faits divers sinistres, de la mère de famille américaine qui jouait sur Facebook quand son enfant de 13 mois s'est noyé dans son bain au jeune Taïwanais mort d'épuisement dans la cabine d'un cybercafé après avoir joué 40 heures d'affilée à *Diablo III*… Autant d'histoires tragiques trop souvent brandies comme preuves de la nocivité des jeux vidéo. Depuis quelques années, les médias généralistes multiplient également les reportages sur les *otaku*, ces jeunes Japonais qui fuient la réalité en se repliant sur leur seule passion, en général le manga ou le jeu vidéo. Les cas extrêmes souffent même d'une pathologie psychosociale appelée *hikikomori* : cloîtrés chez leurs parents, ils refusent de sortir de leur chambre, de communiquer, de s'alimenter. Le phénomène a beau être circonscrit au Japon, il contribue à répandre dans la société « la figure du *gamer* junkie », décrite par le psychanalyste Yann Leroux : « L'addiction aux jeux vidéo prétend réduire un phénomène complexe qui met en jeu des machines, des hommes, des espaces et leurs interactions à quelque chose de simple. Le joueur drogué rejoint ici la longue liste des hachichins, des rastas, des opiomanes, des toxicos, et autres junkies[66]. » Et l'industrie du jeu vidéo ne fait rien pour changer cette image désastreuse. Au contraire, elle met tout en œuvre pour rendre les *gamers* captifs. Pour un éditeur, un bon jeu est d'abord un jeu qui rend accro.

Addiction ou dépendance ?

Difficile de nier la force d'attraction des jeux vidéo, qui ont « le pouvoir de dissoudre la vie personnelle de certains individus[67] », comme l'écrit Maxime Coulombe, sociologue à l'université de Laval, au Québec. Tout joueur qui se respecte a déjà expérimenté cet effet hypnotique. Cette sensation de déconnexion temporaire d'avec les soucis du monde réel, de vide intérieur salutaire, pouvant faire perdre la notion du temps. Le jeu vidéo est un loisir sans contraintes, ce qui n'incite pas à éteindre la console. Sans une certaine maîtrise de soi, on peut y revenir très souvent, de manière frénétique, voire obsessionnelle. Un phénomène que les addictologues Marc Valleur et Jean-Claude Matysiak appellent « l'effet cacahuète » : « Tout commence par et pour le plaisir. Puis on a du mal à s'arrêter. De plus en plus de mal. [...] Une habitude qui finit par être envahissante alors que le plaisir initial a disparu[68]. » Somnolence, saute de l'attention, anxiété, troubles du sommeil, réduction des activités sociales… Le jeu peut alors devenir une source de culpabilité, une souffrance à laquelle le joueur n'arrive pas à mettre fin seul. Mais si la frontière entre passion et addiction est floue, ce dernier terme n'est pas adapté lorsque l'on parle des jeux vidéo, même dans les cas extrêmes. Le rapport de l'Académie des sciences publié en mars 2013 l'a confirmé : aucun consensus médical ne permet d'affirmer l'existence d'une addiction aux jeux vidéo. Ils ne sont pas la cause de la souffrance, mais plutôt un symptôme parmi d'autres d'un malaise intérieur plus profond : « Les comportements de repli observés peuvent constituer, pour la majorité, une forme de fuite qui disparaît avec le traitement du trouble sous-jacent (dépression, troubles relationnels, etc.). Quant aux attachements aux écrans les plus extrêmes, ils pourraient révéler des pathologies compulsives qui ont toujours existé[69]. » Si le jeu vidéo peut entraîner des troubles psychologiques, il ne se traduit jamais par des symptômes physiques comme ceux que peut ressentir un héroïnomane. Les psychothérapeutes s'accordent donc pour utiliser plutôt les termes de « dépendance » ou de « cyberdépendance », plus appropriés que celui d'« addiction », lourd de sous-entendus.

En Asie, les autorités ne s'embarrassent pas de telles précautions terminologiques. Des centres de désintoxication fleurissent en Chine et en Corée du Sud, deux pays où environ 10 % des adolescents sont officiellement considérés comme « accros » à Internet… Ces établissements proposent un sevrage technologique radical, à travers des stages de « rééducation » lors desquels les jeunes sont soumis à des tests psychologiques et passent leur temps à faire du sport en plein air et des travaux manuels. Un traitement de choc, quasi militaire, dont l'efficacité reste à prouver.

L'Europe préfère des méthodes moins sadiques. Les parents paniqués par la dépendance de leur enfant font appel aux services de psychiatres et d'addictologues. Souvent, ces derniers utilisent justement les jeux vidéo comme outil thérapeutique pour comprendre les ressorts psychologiques de l'immersion excessive. En 2006, un centre spécialisé dans l'addiction aux jeux vidéo a bien ouvert ses portes aux Pays-Bas, mais il a fermé deux ans plus tard car l'immense majorité des patients souffrait en fait de problèmes de socialisation, qu'un meilleur encadrement scolaire ou familial suffisait à résoudre[70]. La plupart des joueurs pathologiques jouent ainsi pour tenter d'oublier un événement traumatique. Hélas, un tiers des parents ne savent rien des jeux auxquels jouent leurs enfants et à peine plus de la moitié discutent avec eux de leurs exploits vidéoludiques. Un manque d'intérêt qui contribue à l'isolement de certains. Salman Rushdie lui-même a connu cette tentation de l'exode virtuel : « Le monde de *Super Mario* lui semblait une alternative heureuse à celui dans lequel il vivait le reste du temps[71] », écrit l'auteur indo-britannique dans son autobiographie à la troisième personne pour décrire l'ennui et l'isolement ressentis durant la fatwa dont il a été l'objet en 1989.

Le plaisir de la chasse

Pour certains *gamers* de l'extrême, le jeu vidéo constitue une carapace virtuelle, une échappatoire au rythme trépidant du quotidien. Quand le monde réel angoisse, le virtuel apaise. En Corée du Sud, beaucoup d'adolescents s'immergent ainsi dans les jeux en ligne pour fuir la compétition scolaire et le culte de la réussite sociale. Même si le joueur doit apprendre, progresser, franchir des étapes et atteindre des buts, il est le seul maître à bord. C'est lui qui impose son rythme et décide de son sort. Ici, aucun professeur ou patron ne viendra lui faire de reproches. Au contaire : le jeu vidéo, c'est la satisfaction du plaisir garanti. Flatté, félicité, récompensé, le joueur voit ses talents enfin reconnus à leur juste valeur. Le jeu vidéo devient ce flux de reconnaissance continu où chaque acte est payé en retour. De quoi booster son ego et rendre parfois difficile la rentrée dans la vie réelle, surtout pour les adeptes des « mondes persistants » sur Internet, qui n'entendent pas couper brusquement le lien social tissé durant des heures avec la communauté de joueurs : « On ne laisse pas si facilement tomber ses frères d'armes, sa famille virtuelle, note Maxime Coulombe. Quitter veut ainsi dire perdre cette position d'ascendance fondée sur l'investissement de temps, d'argent et d'énergie dans le jeu. Difficile décision[72]. »

Si l'appartenance à un cercle social privé contribue à la dépendance aux jeux vidéo, celle-ci se construit surtout sur la chasse aux gratifications. Une expérience menée par les chercheurs de l'université de Bristol a ainsi permis d'établir que le plaisir du joueur tient plus à l'incertitude de la victoire, à son caractère imprévisible, au simple plaisir de surmonter des difficultés qu'à la victoire elle-même. C'est lorsque cette dernière est seulement possible que le cerveau du joueur-cobaye libère d'importantes quantités de dopamine, la fameuse « hormone du plaisir ». Comme les drogues addictives (cocaïne, amphétamines, etc.), les jeux vidéo détourneraient ainsi le système de récompense naturel. Une découverte qui relance la controverse sur la nature addictive du jeu, mais ouvre aussi de nouveaux horizons scientifiques pour mieux comprendre les mécanismes de l'apprentissage, étroitement liés à ceux de la dépendance, chez l'homme comme chez l'animal. « Le système d'apprentissage animal montre une attirance pour les gains potentiellement importants, et c'est très lié à l'exploration. Quand vous cherchez de la nourriture, vous avez besoin de rester concentré. Nous commençons à apprendre des choses sur le *gaming*, mais ce sur quoi nous apprenons vraiment, c'est ce besoin d'explorer[73] », explique le neurologue britannique Paul Howard-Jones. L'être humain est un chasseur. Et les *gamers* ne font qu'expérimenter un peu plus intensément ce plaisir de la quête, inscrit en chacun de nous. Un voyage qui n'est pas sans risques, mais se révèle toujours riche en rencontres et en découvertes.

Chapitre 6

VERTUS VIRTUELLES

Les jeux vidéo nous rendent meilleurs. Loin d'abrutir ou d'isoler, ils constituent des outils pédagogiques précieux et inventent de nouvelles formes de sociabilité. Depuis peu, la science leur découvre même des vertus thérapeutiques jusqu'alors insoupçonnées.

Assis face à son écran, Steven Berlin Johnson s'échinait sur une partie de *SimCity*. Incapable de gérer correctement les affaires courantes de sa ville virtuelle, il commençait à douter sérieusement de ses talents de maire. Son fils, qui passait par là, s'arrêta pour le regarder jouer : « Peut-être faudrait-il diminuer les impôts dans les ouvrières… » Un enfant de 7 ans explique à son père, écrivain et journaliste de renom, comment jouer sur le levier fiscal pour résoudre un problème d'aménagement urbain… Une expérience surréaliste de pédagogie renversée : la pratique intensive de *SimCity* avait permis au gamin d'intégrer un savoir économique qu'un enfant de son âge n'est pas censé posséder, et de partager ce savoir le plus naturellement du monde avec son géniteur.

L'anecdote, racontée par Johnson dans son best-seller *Everything Bad Is Good for You* (« Tout ce qui est mauvais est bon pour vous[74] »), donne une idée de l'ampleur et de la complexité des connaissances que permet d'acquérir l'exploration de certains mondes virtuels. Loin d'être un passe-temps futile, le jeu vidéo se révèle un puissant émetteur de savoirs, un passeur de culture, un outil pédagogique à part entière. En toute discrétion, loin des salles de classe, il invente une autre manière d'apprendre, plus amusante mais tout aussi efficace.

La quête de la perfection

« Ainsi donc, excellent homme, n'use pas de violence dans l'éducation des enfants, mais fais en sorte qu'ils s'instruisent en jouant : tu pourras par là mieux distinguer les dispositions naturelles de chacun[75]. » Avant tout le monde, Platon avait déjà cerné les vertus d'une approche ludique de l'éducation. Mais au temps du philosophe athénien, la science n'avait pas encore établi qu'il y a deux manières d'apprendre. La première, consciente et délibérée, s'appelle « cognition ». Elle est liée à notre mémoire épisodique (celle de l'expérience et du vécu) et à notre mémoire sémantique (celle qui retient les faits et les chiffres). Nous la mettons chaque jour en pratique, à l'école, au travail ou en lisant le journal. La seconde façon d'acquérir des savoirs repose, elle, sur notre mémoire procédurale (celle du savoir-faire). S'appuyant sur la répétition de certains gestes habituels, elle utilise le système de récompense du cerveau comme médiateur. C'est justement cette mémoire procédurale que le *gamer* active inconsciemment en s'immergeant dans le jeu. Il agite frénétiquement ses doigts dans un étrange ballet, jusqu'à maîtriser parfaitement les gestes. Un peu comme un pianiste répétant ses gammes. Le jeu vidéo apparaît ainsi comme un loisir actif, qui exige de savoir utiliser vite et bien ses mains, parfois son corps et surtout son esprit. Tout l'inverse de la télévision. Le *gamer*, lui, ne peut pas zapper ; il est contraint à une concentration de tous les instants.

La progression pas à pas du joueur s'apparente à une quête du geste parfait, à la recherche du contrôle total de la machine. Un voyage initiatique au cours duquel il avance lentement, rectifiant ses erreurs au fil des parties. Simple programme informatique, le jeu vidéo ne laisse aucune place au hasard ; il pousse sans relâche le joueur à être plus malin, plus roublard, plus créatif, plus habile, plus perfectionniste. Et celui-ci, à force d'activer sa mémoire procédurale, finit par intégrer toute une gamme de savoirs et de gestes utiles sans vraiment s'en rendre compte, presque par inadvertance : « L'apprentissage dans ce cas est une réaction émotionnelle

– une réaction qui n'a rien à voir avec la logique, la raison ou une pensée linéaire. Et c'est ce qui le rend si puissant[76] », écrit le journaliste Frank Rose. Cette initiation laborieuse est d'autant plus méritoire qu'elle s'opère sans l'égide d'un maître bienveillant. Le joueur apprend à devenir autonome, à se débrouiller seul, quitte à proposer ensuite ses trouvailles sur les forums, pour aider ses semblables à progresser dans leur quête. Le rapport hiérarchique entre le maître et l'élève s'efface, laissant place à une multitude d'apprentis savants, avides de partager leurs expériences.

Au cours de sa quête, le joueur explore des univers fantastiques ou d'autres, plus familiers, déjà croisés dans les livres ou les films. L'ultraréalisme des graphismes transforme alors le jeu en musée virtuel et interactif, qui permet de plonger dans le Chicago mafieux des années 1930 (*L.A. Noire*), d'arpenter le port de Saint-Jean-d'Acre en Terre sainte (*Assassin's Creed*) ou de rejouer le débarquement allié sur les plages normandes (*Call of Duty*). D'après le psychiatre Serge Tisseron, prendre part à ces moment d'Histoire « aide les jeunes à ne pas seulement subir la grande violence de certaines scènes de films, mais à tenter de l'apprivoiser en se la représentant mieux[77] ». À ce titre, les jeux vidéo constituent un complément remarquable à la culture générale transmise en famille et en classe.

Des compétiteurs taillés pour l'entreprise

Mais quand l'école enseigne l'art du raisonnement et de la démonstration, le jeu vidéo valorise plutôt le tâtonnement et l'esprit de compétition : un bon *gamer* est un *gamer* qui décide vite, teste des hypothèses, se remet en question et sait gérer les priorités. Bref, un individu vif et souple intellectuellement, qui agit pour comprendre plutôt que l'inverse : « Le jeu vidéo est un apprentissage de la réussite, assure le psychologue Yann Leroux. Abstraction, manipulation de concepts, cumul des connaissances sont des qualités académiques auxquelles s'opposent la rapidité de décision, l'évaluation des facteurs concurrentiels dans un environnement mouvant, l'expérience acquise par essais et erreurs, l'intuition, la maîtrise des risques, toutes qualités développées parfaitement par les jeux vidéo[78]. »

Des qualités qui font saliver les recruteurs. Les directeurs des ressources humaines s'intéressent en particulier aux jeux de rôle en ligne massivement multijoueurs (MMORPG), véritables écoles de management virtuelles. En mettant en pratique « une culture de l'efficacité, du management, de la gestion », ces jeux en réseau « contribuent à former cet individu autonome, producteur de sa propre performance, qui constitue la pierre angulaire de l'entreprise néolibérale[79] », analyse la sociologue

Sylvie Craipeau. *World of Warcraft* serait-il un vivier de managers qui s'ignorent ? Une armée de réserve pour les entreprises de demain ? Beaucoup d'universitaires américains en sont convaincus, qui souhaitent exploiter « utilement » les milliers de stratégies testées chaque jour sur le réseau : « Si j'étais recruteur, je préférerais embaucher un joueur de haut niveau sur *World of Warcraft* plutôt qu'un diplômé de Harvard[80] », assure ainsi le chercheur en sciences informatiques John Seely Brown.

L'histoire bascule vite. Longtemps, évoquer sa passion pour les jeux vidéo lors d'un entretien d'embauche pouvait se révéler discriminant. Demain, ajouter la ligne « Maître de guilde dans *World of Warcraft* » au bas de son CV constituera un avantage indéniable sur la concurrence, car « la trame de ces univers fantastiques ressemble, contre toute attente, à notre environnement organisationnel futur[81] », affirment trois chercheurs de Stanford, du MIT et de l'université de Caroline du Nord dans un article qui a fait date. D'après eux, l'entreprise de demain sera composée d'équipes mixtes, dispersées géographiquement, où la prise de décision sera plus rapide et partagée à plusieurs niveaux. Un modèle d'organisation nomade dans lequel les joueurs s'intégreront parfaitement. Plus débrouillards que leurs aînés, maîtrisant les fondements de la méthode scientifique (observation, exploration, expérimentation, planification), passant leur temps à dompter l'imprévu, les *gamers* apparaissent en effet taillés pour s'adapter au monde chaotique de l'après-crise.

Le pouvoir de la communauté

L'image d'Épinal du *gamer* solitaire et taiseux a pris un sacré coup de vieux. Le jeu vidéo est, au contraire, un puissant support de socialisation, en ligne comme dans la vie réelle : aux États-Unis, 62 % des *gamers* déclarent jouer régulièrement « à plusieurs », que ce soit physiquement ou bien en réseau[82]. On se retrouve lors de « soirées PlayStation », comme jadis nos grands-parents jouaient aux cartes. Les tournois de *FIFA* et *Just Dance* ont remplacé la belote et la canasta d'antan, mais le principe est le même : peu importe le vainqueur, le jeu vidéo n'est ici qu'un prétexte pour se retrouver, s'amuser, se chambrer entre amis. Il perpétue une forme de socialisation à l'ancienne, celle de la franche camaraderie.

Seul face à son écran, l'amateur de jeux en réseau tisse aussi des relations avec ses semblables. En ligne, la socialisation est même plus subtile que dans les jeux classiques, car elle révèle la puissance de la communauté, de l'esprit de groupe. Dans *World of Warcraft*, par exemple, le joueur n'est que l'un des 12 millions de héros potentiels qui arpentent le monde imaginaire d'Azeroth. S'il veut réussir certaines missions, il se doit d'intégrer une « guilde ». Et pour y parvenir, de démontrer sa bravoure et son altruisme à ses membres. S'il y parvient, à l'issue de rituels initatiques, la guilde devient alors une seconde famille, tantôt exigeante, tantôt protectrice, derrière laquelle le sociologue Vincent Berry voit une forme de « compagnonnage numérique[83] ». Les monstres sont alors combattus en groupe, les quêtes réalisées avec le reste du clan. Bientôt, le contenu des missions importe moins que le plaisir de les accomplir ensemble. C'est le collectif qui donne du sens et de la profondeur à l'expérience ludique : « Les vaisseaux spatiaux, les pouvoirs magiques ou les armes puissantes ne sont que des prétextes pour créer une histoire avec d'autres joueurs, écrit le psychologue Yann Leroux. Plus le nombre de joueurs participant à l'histoire est important, plus le défi est élevé, plus la complexité sociale est grande, plus le plaisir à jouer est important. Finalement, les jeux vidéo ne sont que des cathédrales sociales[84]. »

S'ils passent un temps considérable à manipuler leurs avatars, les joueurs en réseau ne sacrifient pas pour autant leurs amis, leur famille ou leur vie de couple. Au contraire. Comme Facebook, les jeux vidéo ont plutôt tendance à stimuler la vie sociale : seulement 14,9 % des joueurs de *World of Warcraft* seraient célibataires, contre 43 % en moyenne pour l'ensemble des Américains de plus de 18 ans[85]. Plus surprenant encore : les *gamers* adolescents passant plus de quatre heures par jour devant leur écran sont aussi ceux qui fréquentent le plus leurs amis après les cours. L'expression péjorative *no life*, souvent utilisée pour moquer la solitude des *geeks*, ne correspond pas à la réalité. Chez les plus jeunes joueurs, c'est même l'enfant privé de console ou d'Internet qui risque de passer pour un *no life* auprès de ses petits camarades…

Jour après jour, quête après quête, les *gamers* tissent la toile d'un nouveau réseau social. Des amitiés se nouent, débouchant sur des rendez-vous virtuels et, parfois, physiques. En ligne, les liens sont faciles à tisser car les relations sont simplifiées et sécurisées. À travers son avatar, le rôle de chacun est bien identifié. Le chercheur Maxime Coulombe parle ainsi de « socialisations paradoxales, équivoques et parfois même fantasmatiques », qui seraient fondées « moins sur la présence de l'autre que, précisément, sur son absence »[86]. Même diagnostic pour Sylvie Craipeau, qui décrit une forme de « solitude collective » ressentie par des individus qui « jouent ensemble séparément »[87]. Suprême paradoxe : la rencontre est facile car l'autre n'apparaît pas physiquement. Une absence presque romantique, qui préserve l'imaginaire et laisse la porte ouverte à tous les fantasmes. Un peu comme ces couples qui entretiennent des relations épistolaires des années durant, jusqu'au jour où ils décident enfin de se rencontrer. Les jeux en réseau sont des sites de rencontres, les sous-entendus sexuels en moins. Grâce au filtre de l'avatar, les affinités y sont avant tout émotionnelles et intellectuelles.

L'avatar, moi en mieux

Jouer en ligne, c'est forcément mener une double vie. « Sur *WOW*, *EverQuest* ou *Final Fantasy*, personne ne sait que tu es un enfant battu, un élève humilié, un adolescent incompris, un jeune déscolarisé ou un chômeur longue durée[88] », écrit le psychiatre Serge Tisseron. L'avatar est une cuirasse, une seconde peau, un masque que l'on enfile, tel Spiderman ou Batman, pour mener ses aventures héroïques dans le plus parfait anonymat.

Au départ, il n'existe pas. À l'écran, l'avatar n'est qu'une créature vide et neutre, comme un mannequin planté derrière une vitrine. Sauf qu'il n'est même pas sexué. C'est le joueur qui décide de tout, qui définit à la carte la moindre de ses caractéristiques physiques et psychologiques grâce à une gigantesque banque de données. Le joueur peut choisir de s'incarner dans une version idéalisée de lui-même : « Le sujet, à habiter cette figure idéalisée, apaise son angoisse d'incomplétude[89] », écrit Maxime Coulombe. Mais la possibilité lui est également offerte d'explorer une autre identité, très éloignée de son apparence physique et de sa propre personnalité. Il joue alors un rôle, comme un enfant joue au docteur. Une exploration sans risques, même si les parents redoutent souvent qu'il ne finisse par perdre sa personnalité. Jouer avec différents avatars est un moyen de goûter à des responsabilités inédites, de s'inventer autrement, de repousser ses limites, de mettre en scène ses peurs et d'assouvir des fantasmes impossibles à réaliser dans la vraie vie. Après tout, Shakespeare disait : « Le monde entier est un théâtre, et tous, hommes et femmes, n'en sont que les acteurs. Et notre vie durant, nous jouons plusieurs rôles[90]. » Dans l'univers de *Second Life*, deux moustachus bedonnants peuvent tout à fait se draguer par avatars lesbiens interposés, sans avoir le moindre indice sur leurs identités réelles. « J'ai même participé à une soirée sado-masochiste virtuelle avec un avatar dont j'ai appris plus tard qu'il était manipulé par une femme d'extrême droite habitant dans l'Iowa… », révèle l'artiste cyberpunk Yann Minh, friand d'explorations en tout genre dans *Second Life*. (Interview réalisée par l'auteur le 11 février 2013.)

En apprenant à gérer de multiples identités ludiques, le joueur se cherche, se teste, joue avec les stéréotypes de genre, renforce son estime de lui-même, révèle ses aptitudes et ses insuffisances. Bref, il construit sa personnalité. Et ne souffre pas le moins du monde d'être un schizophrène assumé vivant simultanément plusieurs vies dans plusieurs mondes. Sa relation aux autres n'en est, au contraire, que plus riche, plus complexe, plus passionnante. Le jeu vidéo se révèle alors être l'outil idéal pour mettre en application le fameux principe socratique : « Connais-toi toi-même » et les psychiatres n'hésitent plus à y avoir recours pour guérir leurs patients.

Des médicaments virtuels

Dans une scène mémorable de *La Guerre des étoiles*, Luke Skywalker affronte sa peur à coups de sabre laser dans une grotte marécageuse de la planète Dagobah. Se joue alors une confrontation avec sa souffrance personnelle, avec un traumatisme enfoui au plus profond de son être. Dans un cadre thérapeutique, certains jeux vidéo remplissent exactement la même fonction de révélateur que l'épreuve initiatique de l'apprenti jedi. L'avatar y sert de support narratif et de miroir identitaire. Il devient ce véhicule qui permet au patient de se rencontrer avec lui-même dans un univers virtuel résonnant avec sa propre expérience : « Les jeux vidéo permettent de remettre en circulation des émotions et des pensées qui étaient jusqu'alors maintenues à l'écart du fonctionnement général de la psyché. Ce qui était réprimé ou refoulé peut être mis en jeu à l'occasion des parties[91] », écrit Yann Leroux. Pratique pour soigner les jeunes souffrant de phobie sociale et de troubles du comportement (autisme, hyperactivité), mais également les soldats, victimes dans un cas sur cinq de stress post-traumatique. Au Virtual Reality Medical Center de San Diego, les *boys* de retour d'Irak ou d'Afghanistan revivent les situations critiques connues sur place dans des simulations virtuelles. Leurs souvenirs se consolident, leurs émotions se libèrent, et ils finissent par apprivoiser les images traumatisantes. Des chercheurs de l'université américaine d'Oxford ont découvert qu'il serait aussi possible de lutter contre le stress post-traumatique en faisant jouer les militaires à... *Tetris*. Le célèbre jeu de construction préviendrait la survenue des flash-back en sollicitant la zone du cerveau censée activer les souvenirs douloureux.

Depuis peu, on sait également que les jeux vidéo aident à soigner la dépression chez les adolescents. En témoigne le succès de *Sparx*, un programme conçu par la pédopsychiatre néo-zélandaise Sally Merry et dans lequel le patient, épaulé par un guide virtuel, doit détruire les mauvaises pensées de son avatar en apprenant à gérer sa colère et son stress. Une approche cognitive des mondes virtuels qui porte ses fruits : 44 % des adolescents âgés de 13 à 17 ans ayant joué à *Sparx* sont sortis de la dépression, contre seulement 26 % des jeunes n'ayant pas testé le jeu[92]. « Plutôt que de prendre un antidépresseur, beaucoup d'entre nous gagneraient à jouer aux jeux vidéo », assure le psychologue Michaël Stora, qui voit dans ces outils des « Prozac interactifs », des « exutoires gratifiants », des supports permettant de faire émerger des « pulsions sadiques »[93] à même de lutter contre la dépression.

Mais c'est un gadget disgracieux, déjà commercialisé pour un usage ludique, qui pourrait bien bouleverser l'avenir des thérapies mentales : le casque électroencéphalographe. Coiffé de ce bonnet bardé d'électrodes connectées à un ordinateur, le joueur n'a qu'à se concentrer pour piloter un vaisseau à l'écran. Plus besoin d'agiter ses mains ou son corps : la manette est dans son cerveau et seules les ondes cérébrales travaillent. Puisque le cerveau est malléable, certains exercices pourraient permettre de le rééduquer, d'en changer le câblage, d'en modifier la structure physique. Et de faciliter, ainsi, le travail des psychothérapeutes.

Le dopage vidéoludique

Chaque semaine ou presque, de nouvelles études scientifiques révèlent les vertus de la pratique vidéoludique sur notre esprit mais aussi sur notre corps. Habitué à des temps de réaction ultrarapides, le *gamer* prend ses décisions 25 % plus vite que le reste de la population. Ses réflexes sont vifs et ses gestes plus précis grâce à de meilleurs repères dans l'espace et une plus forte coordination entre l'œil et la main. Pratique lorsqu'on est au volant ou bien en salle d'opération. D'après une étude menée au centre médical Beth Israel de New York, les chirurgiens qui jouent à des jeux vidéo au moins trois heures par semaine commettent ainsi en moyenne 37 %

d'erreurs en moins que leurs confrères qui ne jouent pas[94].

Plus rapide, le joueur a aussi une meilleure acuité visuelle qu'un individu lambda. Il repère mieux les objets en mouvement car sa vision périphérique est plus développée. Des résultats qui ont incité Daphné Maurer, psychologue à l'université McMaster dans l'Ontario, à faire jouer des personnes souffrant de la cataracte depuis leur naissance au jeu de tir *Medal of Honor*[95]. Un mois plus tard, à raison de dix heures minimum de console par semaine, la vue des sept cobayes s'était considérablement améliorée. Rejouer sur écran la Seconde Guerre mondiale leur a permis de repérer des détails du champ de bataille normalement impossibles à détecter dans leur état. La vue subjective des jeux de tir à la première personne décuplerait l'attention et établirait de nouvelles connexions dans le cortex visuel, démasquant des connexions du cerveau jusqu'alors inhibées.

À force d'expériences probantes, finira-t-on par équiper de consoles les hôpitaux du futur ? Les médecins prescriront-ils bientôt à leurs patients « trois semaines de *Medal of Honor*, à raison de deux parties par jour » ? L'hypothèse peut sembler farfelue. Pourtant, les jeux vidéo sont déjà des outils thérapeutiques, des médicaments virtuels qui améliorent nos performances et nos connaissances. Ils nous rendent meilleurs, à condition de respecter la posologie. Un dopage ludique qui dessine, en filigrane, le portrait-robot d'un homme augmenté, corrigé par le filtre vidéoludique pour être plus performant dans son quotidien. La *gamification* des corps et des esprits guette la civilisation numérique, dont la nouvelle obsession semble de s'amuser à tout prix, partout, tout le temps.

Chapitre 7

L'OVERDOSE LUDIQUE

Dans une société où le *fun* a remplacé le travail comme valeur cardinale, les mécanismes du jeu vidéo s'imposent dans tous les domaines. Mais cette *gamification* généralisée, devenue un business lucratif, a tout d'une impasse : pour être amusant, le jeu doit demeurer une activité inutile.

« Quand les élèves jouent à un jeu, ils en connaissent le but, ils savent où ils vont car les mécanismes sont clairs. Le feedback est immédiat et les élèves deviennent des acteurs de leur apprentissage[96]. » Arana Shapiro a une certaine idée de l'enseignement. D'après elle, à l'heure du numérique, l'école doit rompre avec les logiciels pédagogiques du passé pour devenir un espace participatif, captivant et amusant. Bref, elle doit ressembler à un jeu vidéo. Une philosophie mise en pratique depuis 2009 au collège Quest to Learn (« Soif d'apprendre »), l'établissement expérimental qu'elle codirige à Manhattan grâce aux dons des fondations MacArthur et Bill Gates. Ici, pas de cours de maths ou de grammaire : les professeurs n'enseignent pas les maths mais les « mondes codés » (« *code worlds* »), pas le sport mais le « bien-être » (« *wellness* ») ni les sciences mais « la façon dont les choses fonctionnent » (« *the way things work* »). L'idée n'est pas de laisser les élèves jouer à la console toute la journée mais d'avoir recours aux mécaniques du jeu vidéo pour stimuler leur désir d'apprendre. Au programme : écriture d'un blog, gestion d'un réseau social, conception de petits univers virtuels, le tout en transmettant les bases du savoir académique et en apprenant à travailler en équipe.

L'école idéale ? Trop tôt pour le dire. En attendant, le succès de Quest to Learn constitue déjà une preuve évidente de la remarquable extension de la place du jeu dans notre vie quotidienne. Aujourd'hui, les codes ludiques des mondes virtuels s'immiscent partout : à l'école, en entreprise, en politique ou dans les médias. « Une couche de jeu recouvre le monde[97] », assure le jeune entrepreneur américain Seth Priebatsch pour décrire l'irrésistible *gamification* des esprits, cette lame de fond ludique à laquelle rien ni personne ne peut échapper.

La fin du travail

Longtemps, le jeu n'a occupé qu'une place marginale dans la vie sociale. Se divertir n'était possible que dans un cadre privé, durant les rares interstices d'une journée organisée par et pour le travail. L'usine, puis l'entreprise constituaient alors le noyau de notre existence. Le sociologue Stéphane Hugon voit dans cette hégémonie la conséquence d'un héritage culturel judéo-chrétien qui « écarte du centre de l'activité sociale tout ce qui est de l'ordre du plaisir, de l'ivresse, de la chair, de la mort soit, plus largement, tout ce qui modifie l'état de conscience attendu : celui de la rationalité pure[98] ».

Qu'on s'en félicite ou pas, cette conception du monde est derrière nous. Le temps de travail ne cesse de se réduire quand celui consacré au jeu explose. Tout ou presque devient prétexte à la distraction, au point que l'amusement semble devenu la condition essentielle d'une existence réussie. Après le temps du labeur, l'heure de la grande récréation a sonné : nous sommes entrés dans l'ère du *fun*. Ce n'est pas un hasard si cette frénésie ludique atteint son paroxysme au moment de la pire crise économique de notre histoire. Jouer à tout bout de champ permet justement de s'évader, de fuir les pesanteurs d'un monde qui ne fait plus rêver : « Le jeu est une parenthèse permettant de réenchanter les relations et d'échapper à la gravité du temps en y réinjectant de l'illusion, du plaisir, de la joie ou du risque. La fiction est, d'une certaine manière, un chemin pour accéder au réel[99] », analyse Olivier Mauco, concepteur de médias ludiques et enseignant en *game design*, qui voit dans le jeu vidéo le pendant du « storytelling », à savoir une extraordinaire machine à fabriquer des histoires et à nourrir les imaginaires en temps de crise.

Si notre société est devenue totalement perméable au jeu, c'est aussi parce que se divertir est considéré comme un facteur de bien-être individuel. À l'école comme au travail, en couple comme en famille, la priorité est de s'amuser, de prendre du plaisir à tout prix, d'utiliser à bon escient les codes ludiques pour prendre son pied à chaque instant. Une injonction au bonheur qui transforme nos vies en un gigantesque espace de divertissement. L'anthropologue Patrick Schmoll parle ainsi d'une « contamination mutuelle entre jeu et réalité » : « Nous demandons de plus en plus à la vie en société, y compris au travail, qu'elle ait des qualités ludiques, qu'elle offre des parcours d'aventure, des activités à pratiquer pour elles-mêmes et pas seulement pour leur utilité[100]. »

Mais l'ère du *fun* n'a pas attendu la sortie de l'iPad pour se dessiner. Dès 1962, le sociologue Joffre Dumazedier identifie des interactions entre les loisirs de masse et la vie quotidienne (famille, travail, politique) dans un essai au titre prophétique : *Vers une civilisation du loisir*[101] *?* À la fin de la décennie suivante, en plein essor du loto et de l'industrie du jouet, c'est au tour de Pierre Bourdieu de décrire les prémices de notre société du *fun*. À la « morale du devoir [...] la nouvelle avant-garde éthique oppose une morale du devoir de plaisir qui porte à éprouver comme un échec, propre à menacer l'estime de soi, toute impuissance à "s'amuser", *to have fun*[102] », écrit le sociologue en 1979. Les jeux vidéo et les gadgets d'aujourd'hui ne font donc que parachever une révolution des consciences en germe dès les premières heures de la société de consommation. Dans les années 1950, l'arrivée du téléviseur dans le salon rendait la technologie accessible au grand public. Un bon demi-siècle plus tard, smartphones et tablettes introduisent le jeu dans la vie sociale et en particulier dans l'entreprise, au cœur même du royaume du travail.

L'invention du jeu sérieux

Depuis le début de la révolution numérique, les communicants n'ont plus qu'un seul mot à la bouche : *gamification* – les allergiques au « franglais » préfèrent parler de *ludification*. Un terme qui désigne le transfert des mécaniques du jeu – et en particulier du jeu vidéo – dans des activités *a priori* non ludiques. L'école, par exemple. Le collège Quest to Learn n'est pas le seul établissement à croire aux vertus d'une approche ludique. Le site Khan Academy, par exemple, repose sur le même principe de progression étape par étape que le jeu de simulation automobile *Gran Turismo* : de la même manière que le joueur doit passer tous les permis du premier niveau pour avoir le droit de débloquer de nouveaux bolides, les millions d'élèves de la Khan Academy doivent cumuler dix bonnes réponses consécutives dans une matière pour découvrir des modules plus élaborés.

Mais la *gamification* est plus qu'une simple question de forme. Le plus souvent elle utilise le jeu pour faire passer un message ou promouvoir une marque. Comment ? En élaborant des *serious games*, des « jeux sérieux », un oxymore employé pour la première fois par Clark C. Abt en 1970. À l'époque, le jeu vidéo n'est encore qu'embryonnaire. Mais l'ingénieur du MIT imagine déjà utiliser les jeux de société, de plein air, de rôle ou d'ordinateur pour les « sublimer » à des fins de marketing ou d'éducation. Visionnaire. Les années 1990 voient débarquer les premiers « ludiciels » sur CD-Rom, des programmes informatiques (Atout Clic, Adibou, etc.) censés permettre aux plus jeunes d'apprendre en s'amusant à travers des exercices de logique pimentés par l'intervention à l'écran d'un avatar rigolo. Mais c'est l'armée américaine qui sera pionnière en matière de *serious games*. En 2002, pour répondre à la crise des vocations, elle met en ligne le jeu de guerre *America's Army*. À la fin des missions, un lien s'affiche à l'écran pour permettre de s'enrôler dans l'armée « pour de vrai ». Distribué gratuitement et téléchargé plus de 11 millions de fois, le titre se révèle plus efficace dans la conscription que n'importe quelle campagne de publicité. Avec *America's Army*, le divertissement n'est plus la priorité. Le jeu devient un support de communication ; la narration ludique n'est qu'un simple enrobage permettant de faire passer un message. « Le *serious game* est un jeu vidéo qui répond à une problématique sociale, culturelle, politique, par l'assimilation d'une expérience. En somme, il s'agit d'utiliser le jeu vidéo à des fins utiles[103] », résume Olivier Mauco.

Le modèle *America's Army* a fait des émules. Développés par des ONG, des médias, des partis politiques ou des marques, des milliers de jeux sérieux – pour l'essentiel très médiocres – voient le jour. La grande famille des *serious games* s'enrichit au point d'être désormais organisée en sous-genres selon les objectifs poursuivis par l'émetteur du jeu. Rien à voir entre un *newsgame* (« jeu d'actualité ») comme *Cutthroat Capitalism*, qui permet de se mettre dans la peau d'un Somalien du golfe d'Aden pour comprendre l'économie de la piraterie, un *advergame* (« jeu publicitaire ») tel que *La Chute*, dans lequel il faut faire franchir des obstacles aux fruits de la marque Oasis, ou encore un *greengame* (« jeu écolo ») comme *Clim'City*, adaptation du célèbre *SimCity* permettant de lutter contre le réchauffement climatique à l'échelle urbaine.

En revanche, tous ces jeux ou presque ont recours à une poignée de mécanismes censés maintenir l'implication du joueur : manipuler des avatars, créer des rendez-vous virtuels, accumuler des points, décrocher des badges, franchir des niveaux, remplir des objectifs. Une duplication à grande échelle du modèle proposé par le jeu social *FarmVille* ou l'application de géolocalisation *Foursquare*. En théorie, les *serious games* fournissent à peu de frais du *fun*, du lien social et un sentiment de réalisation. L'outil idéal pour des entreprises qui ont de plus en plus de mal à retenir l'attention de joueurs-consommateurs rendus plus volatils par la multiplication des plates-formes et le flux d'informations.

Le *soft power* ludique

Dans le langage des relations internationales, le terme *soft power* est utilisé pour décrire la capacité d'un acteur à influencer les comportements à travers des moyens non coercitifs, au premier rang desquels la culture. Toutes proportions gardées, la *gamification* apparaît comme une forme de *soft power* puisque les mécaniques du jeu deviennent une manière insidieuse et non agressive d'influencer les esprits à des fins « utiles ». Ce constat prend tout son sens dans le cadre de l'entreprise, où l'approche ludique est mise au service de la notoriété de la marque, de la construction d'une communauté ou du recrutement et de la fidélisation de nouveaux clients. Pour améliorer sa réputation et faire découvrir ses métiers aux ingénieurs en formation, le groupe Thales a lancé en 2008 *Moonshield*, un *serious game* dans lequel le joueur doit construire une base lunaire et protéger la Terre d'une pluie d'astéroïdes grâce aux lasers et aux technologies développées par l'entreprise. Même approche pour Total avec *Genius, play the energy mix!*, un jeu de stratégie dont l'objectif est de maîtriser la croissance énergétique de la ville de Genius Land. Certaines entreprises ont aussi recours aux *serious games* pour renforcer l'implication de leurs employés, à l'instar de la société informatique CA Technologies qui, pour inciter ses troupes à utiliser le nouveau réseau social de l'entreprise, a mis au point le programme *CA Champions* : à force d'écrire des commentaires et d'aider leurs collègues à résoudre leurs problèmes, les employés accumulent des points et peuvent espérer devenir un jour « membre VIP », « héros » ou carrément « mythe »... Une promotion virtuelle fulgurante.

Flairant le bon filon, des dizaines d'agences ont vu le jour ces derniers mois pour aider les entreprises à convertir leur audience en chiffre d'affaires grâce au jeu. Une école spécialisée dans la confection de *serious games*, la Ludus Académie, a même ouvert ses portes en novembre 2012 à Strasbourg. Éditer des jeux sérieux n'est plus un marché de niche. C'est même devenu un business lucratif, promis à un bel avenir : d'ici à 2014, 70 % des deux mille plus grosses entreprises mondiales auront recours à cette stratégie sous une forme ou sous une autre, d'après les estimations du magazine *Time*. Les perspectives de croissance du secteur sont éloquentes :

le chiffre d'affaires mondial du marché des *serious games* devrait atteindre 10 milliards d'euros en 2015, contre seulement 1,5 milliard en 2012. Une invasion de jeux sérieux qui finira forcément par avoir des conséquences bien réelles. Fondateur de Zynga, la société d'édition du jeu social *FarmVille*, Mark Pincus imagine ainsi un avenir où le jeu « sera la compétence la plus précieuse dans la nouvelle économie[104] ».

Jouer pour sauver le monde

Si la *gamification* peut rapporter gros, peut-elle pour autant changer le monde ? Oui, si l'on en croit Jane McGonigal. En 2011, cette *game designer* a jeté un pavé dans la mare en publiant *Reality Is Broken*. D'après elle, « le jeu est l'activité humaine la plus saine et la plus féconde », un moyen d'atteindre un état psychologique idéal qui contribue à faire des humains « une espèce plus collaborative et plus honnête ». Et au lieu de jouer pour s'évader, pour fuir les épreuves du quotidien, nous pourrions nous servir des jeux vidéo pour reprendre possession du monde, le rendre meilleur. D'après Jane McGonigal, même des fléaux comme l'obésité, le réchauffement climatique ou la faim dans le monde pourraient être résolus grâce aux jeux vidéo. La puissance de notre intelligence collective est telle que rien ne pourrait lui résister : « Nous devons passer de 3 milliards à 21 milliards d'heures de jeu en ligne par semaine pour sauver le monde d'ici dix ans[105] », affirme le plus sérieusement du monde cette dernière qui, entre deux conférences, consacre justement son énergie à concevoir des jeux censés changer nos vies (*Evoke*, *SuperBetter*, *World Without Oil*, etc.).

Malgré les apparences, Jane McGonigal n'est pas folle. Des exploits virtuels en apparence anodins ont la capacité de bouleverser le cours du monde réel. Dernier exemple en date avec « l'affaire Fold It ». En 2008, des chercheurs de l'université de Washington créent une sorte de puzzle en 3D baptisé *Fold It* (« Pliez-la »), qui permet de modéliser des molécules. Au bout de deux semaines, à force de plier des protéines dans tous les sens, des *gamers* finissent par identifier la structure primaire d'une enzyme essentielle pour mieux cerner le virus du sida, que les biologistes cherchaient à identifier depuis plus de dix ans… Un exploit salué dans la revue *Nature Structural & Molecular Biology*, qui crédite les *gamers* ayant contribué à cette découverte[106]. Cette belle histoire révèle le caractère naturellement productif du jeu : en apportant à travers celui-ci ses connaissances et ses compétences, une armée d'anonymes s'est mise gratuitement au service de la science. De là à prétendre sauver le monde en jouant, il n'y a qu'un pas que des esprits excentriques comme celui de Jane McGonigal n'hésitent pas à franchir.

Qu'on le veuille ou non, les frontières entre réel et virtuel sont de plus en plus poreuses. Des histoires moins reluisantes que l'affaire *Fold It* en témoignent. En 2007, une époque déjà lointaine, des entreprises comme Alstom, L'Oréal ou la BNP faisaient passer des entretiens d'embauche par *chats* à l'occasion du « Neo Job Meeting », premier salon virtuel de recrutement organisé dans l'univers de *Second Life*. Le monde de *World of Warcraft* fourmille également d'exemples de cette fusion entre deux mondes, qu'il s'agisse des joueurs louant un coach personnel pour les entraîner et les relayer dans le jeu lorsqu'ils sont déconnectés ou bien des « *gold farmers* » (« fermiers dorés »), ces jeunes Chinois qui passent leur temps à accumuler des biens virtuels, revendus ensuite contre espèces sonnantes et trébuchantes sur Internet. Un père chinois a même payé un joueur confirmé pour tuer l'avatar de son fils dans *World of Warcraft* car ce dernier était hypnotisé par son écran. « Nous sommes passés d'un jeu avec des objectifs simples et précis, comme gagner un match de foot, à des jeux comme *SimCity*, où il faut bâtir un univers, puis aux jeux en réseau, où il n'y a plus vraiment de jeu, constate le sociologue italien Vincenzo Susca. Comme dans le film *eXistenZ* de David Cronenberg, on ne sait plus si on est dans le jeu ou dans la réalité. L'objectif du jeu reste de jouer, mais il se superpose à la vie. » (Interview réalisée par l'auteur le 19 janvier 2012.)

Le mirage de la *gamification*

Travailler devient amusant et s'amuser devient une affaire sérieuse. Pourtant, si séduisante soit-elle, la thèse de Jane McGonigal ne tient pas la route. Le jeu ne peut pas sauver le monde. On ne lutte pas contre la prolifération nucléaire avec un joystick. On ne relance pas l'ascenseur social simplement en créant une « appli ». Certains sujets complexes exigent des solutions tout aussi complexes. Et le jeu, activité libre, gratuite et inutile par essence, n'y peut rien. Ni aujourd'hui ni demain. « La société ne se *hacke* pas. Elle n'est pas constituée d'une succession de 0 et de 1, rappelle le psychiatre Yann Leroux. Dans la réalité sociale, les réussites épiques se produisent parce que quelqu'un a pensé l'impensable. Dans les jeux vidéo, elles se produisent parce que quelqu'un a réussi le prévisible[107]. » Une nuance essentielle, qui valide la fameuse théorie du « cercle magique » de Johan Huizinga[108]. En 1938, l'historien néerlandais avait déjà identifité cette frontière subtile mais solide qui sépare le monde du jeu du monde réel. Pour révéler sa puissance ludique, le jeu a besoin de cette distance avec la réalité. Sous-entendu : le jour où tout deviendra amusant, plus rien ne sera amusant. C'est l'autre limite de la *gamification* : trop de jeu tue le jeu. À force d'être en permanence sous perfusion ludique, la société risque une overdose de *fun*. Contrairement au travail, le jeu se suffit à lui-même : on joue simplement pour jouer, pour s'amuser. Travailler permet, en revanche, de gagner sa vie, de s'épanouir et d'apporter sa contribution à la marche en avant du monde. « Dans le principe de la distraction, il y a une contradiction avec ce dont l'économie a besoin, c'est-à-dire la production. Or on consacre de plus en plus de temps, d'attention, et même de sacralité, à la distraction », note Vincenzo Susca. (Interview réalisée par l'auteur le 19 janvier 2012.) À moins de résoudre cette contradiction, la *gamification* au travail est vouée à n'être qu'un mirage, un trompe-l'œil, une chimère.

Une autre limite de la *gamification* apparaît déjà : son manque d'ambition. L'immense majorité des *serious games* développés par les écoles, les ONG et les entreprises se contentent de reproduire les codes les plus primaires et les plus éculés du jeu vidéo, comme s'il s'agissait de recettes marketing infaillibles. Mais où est passé le *fun* ? Disparu, envolé, noyé dans un océan de points, de badges et d'avatars ringards. Poster des messages pour décrocher des pièces d'or peut se révéler amusant une semaine, pour narguer son voisin d'open space, mais guère plus. Le jeu vidéo, champ d'exploration et de créativité sans limites, se trouve alors réduit à sa plus simple expression, nourrissant l'argumentaire de ceux qui n'y voient qu'un passe-temps puéril et vide de sens. Une vision quasi méprisante du pouvoir ludique moquée, avec humour, par le jeu *Progress Wars*, dans lequel les internautes sont invités à cliquer frénétiquement sur des barres pour les remplir... Des voix s'élèvent d'ailleurs pour cesser d'employer le terme *gamification* et le remplacer par celui, plus approprié, de *pointification*. Au lieu d'offrir une expérience riche et complexe, les *serious games* se bornent à faire du jeu vidéo un équivalent des points Carrefour, Air Miles et autres « bons points » distribués aux meilleurs élèves dans les écoles d'antan. Le joueur se trouve alors dépourvu de son pouvoir de décision, de sa capacité d'initiative : « La motivation intrinsèque est destinée à disparaître devant la motivation extrinsèque et gamifiée. Le *fun* devient alors la "nouvelle métrique", l'équivalent universel et sans saveur par lequel tout se mesure et tout s'échange[109] », écrit le philosophe Mathieu Triclot. Pas surprenant que les *serious games* attirent surtout des joueurs peu expérimentés, voire des novices n'ayant jamais touché une manette de leur vie. La plupart des *gamers* assidus boudent ces mauvaises parodies de jeux, trop occupés à explorer des univers réellement divertissants.

Une méfiance légitime, car nombre de ces pseudo-jeux ne sont en fait que des fils à la patte, des outils de surveillance permettant de contrôler les performances des uns et des autres sous prétexte de les divertir. Mais le monde de l'entreprise ne peut s'empêcher de fantasmer sur l'engagement total du joueur avec la machine. Avec, en perspective, la possibilité de façonner un modèle fordiste à la mode numérique où tout serait transparent, contrôlé, paramétré, calculé de façon optimale. Un capitalisme ludique qui cacherait la triste réalité de la *gamification* : il ne s'agit finalement que d'une stratégie marketing artificielle, un mantra sans substance conçu pour combler le vide laissé par la crise des modèles économiques médiatiques.

Conclusion

L'ÂGE DE L'*HOMO LUDENS*

Le jeu vidéo n'est pas encore sorti de sa préhistoire. Bien sûr, en cinquante ans à peine, il est déjà passé des salles d'arcade aux smartphones, des pixels aux polygones 3D, de la cour de récréation aux séminaires d'entreprise. Mais cette « révolution de velours » a été foudroyante, portée par la puissance exponentielle des machines et concentrée sur une période qui s'étend des débuts de la micro-informatique jusqu'à l'avènement de la civilisation numérique. Exaltante en termes d'innovation technologique, cette période historique n'est qu'une broutille à l'échelle de l'évolution humaine. Pourtant les progrès réalisés depuis la sortie en 1972 de *Pong* sont tels que même les spécialistes ont du mal à imaginer comment concevoir demain des jeux vidéo encore plus immersifs. Média jeune mais déjà mature, le jeu vidéo n'a pourtant pas fini de repousser les frontières de l'expérience ludique.

Les jeux vidéo permettent déjà d'explorer des environnements plus vrais que nature, des mondes où la splendeur des graphismes devient confondante de beauté. À tel point que l'œil humain ne sera bientôt plus capable de distinguer un décor virtuel de son équivalent dans la réalité. Et pourtant, malgré les prouesses des *game designers*, le vieux fantasme de l'immersion totale tarde à se matérialiser. Pour tenter de s'en rapprocher, les concepteurs vont maintenant s'attaquer aux émotions et aux sensations des joueurs. Après avoir excité notre cerveau pour brouiller la frontière entre réel et virtuel, ils vont explorer la voie inverse : envoyer de l'information directement à notre corps. Décharges électriques, piqûres, démangeaisons virtuelles... Dans le secret des laboratoires, les ingénieurs testent mille et une façons d'interagir avec le joueur, même si la commercialisation de jeux sadiques soulèvera tôt ou tard son lot de questions éthiques. Les progrès de l'intelligence artificielle permettront également de concevoir des personnages autonomes, aux réactions quasi imprévisibles. Si nos autres sens seront explorés, la vue ne sera pas pour autant négligée : des traqueurs de pupille liront les mouvements du regard et des écrans 3D formeront une image distincte pour chacun de nos yeux. Certains rêvent même d'assister à la matérialisation de personnages ou d'accessoires virtuels sous forme d'hologrammes en relief, sur le modèle du *holodeck* de la série *Star Trek*, cette salle où Kirk et son équipage recréent des environnements virtuels et dont l'armée américaine a déjà constitué une réplique baptisée CHAOS (« Computer Hunter Action and Observation Simulation ») pour entraîner ses marines. Le journaliste américain Frank Rose s'imagine ainsi monter bientôt à bord de l'Orient-Express ou débattre avec Einstein, réalisant enfin le fantasme du voyage à travers les âges.

Mais le jeu vidéo saura emprunter d'autres voies que la seule fusion de la réalité et de la virtualité en une réalité virtuelle. Depuis ses débuts, il est un champ d'expériences multiples, un laboratoire de pratiques inédites. Et l'imaginaire vidéoludique ne devrait pas se tarir de sitôt. Tant mieux, car l'âme du jeu vidéo repose dans l'amusement et non dans l'immersion. Le *fun* devrait ainsi survivre à la dictature de la simulation, portant un coup fatal à la « thèse de l'exode » chère à Edward Castronova[110]. Pour cet économiste spécialiste des mondes virtuels, si les « univers synthétiques » fréquentés par les *gamers* se révèlent plus confortables et plus libres que le monde réel, s'ils favorisent un épanouissement individuel plus complet et des interactions sociales plus riches, alors nous pourrions être tentés de ne plus les quitter. Une thèse qui rappelle la trame du film *eXistenZ*. Dans la fiction de David Cronenberg, le corps devient une poupée de chiffon, l'esprit reste perché dans le cyberespace et l'histoire s'achève dans un bain de sang. Un scénario noir auquel la nature foncièrement ludique du jeu vidéo devrait heureusement nous faire échapper. La thèse de

Castronova résume bien cette angoisse proprement humaine d'être un jour dépassé par la machine ; elle n'est qu'une énième projection dans un futur où l'Homme finirait par se soumettre à la technologie dans une forme de renoncement fatal. Une vision pittoresque plus que pragmatique : « Quand bien même les jeux vidéo deviendraient de plus en plus généreux dans les possibilités qu'ils accordent aux joueurs, ce qui sera certainement le cas, ils n'ent resteront pas moins le produit du médium informatique, le résultat d'un calcul », objecte le philosophe Mathieu Triclot, qui croit moins « à l'exode dans le virtuel ou à la transformation du monde en une réalité jouable qu'à l'informatisation totale du contenu de nos vies ». (Interview réalisée par l'auteur le 17 mai 2013.) Objet de plaisir devenu objet de désir grâce à un agencement judicieux de 0 et 1, le jeu vidéo apparaît ainsi comme le médiateur fascinant de l'âge numérique alors qu'il demeure un simple gadget, un jouet divertissant, une « parenthèse au rythme du monde », comme le qualifie Maxime Coulombe[111].

Johan Huizinga avait raison. Malgré *Call of Duty*, malgré *World of Warcraft*, malgré les milliers de *serious games* développés par les entreprises, le « cercle magique » imaginé en 1938 par l'historien néerlandais pour décrire la frontière qui sépare le jeu de la réalité tient bon. Ce qui n'empêche pas le jeu vidéo de grignoter notre temps de cerveau disponible. Chaque jour qui passe, nous nous transformons un peu plus en cet *Homo ludens* décrit par Huizinga : « Chacun est devenu un joueur potentiel. [...] Tout le monde joue. Ou jouera. Ce n'est qu'une question de temps », pronostique le journaliste Erwan Cario[112]. L'industrie du jeu vidéo est en effet loin d'avoir achevé sa croissance. Le chiffre d'affaires mondial du secteur devrait croître de plus de 40 % d'ici à 2015 pour atteindre 60,6 milliards d'euros (contre 49,1 milliards en 2011). Le raz de marée a commencé. Pour s'y retrouver dans le monde de demain, la maîtrise du langage vidéoludique sera aussi nécessaire que celle de l'anglais. Alors autant s'y préparer dès aujourd'hui, pour ne pas finir dans le camp des laissés-pour-compte de la modernité. Et comme disait le slogan de la publicité pour la console Xbox : « La vie est courte, alors joue plus. »

Notes

1. DAMASIEWICZ (Yan-Alexandre), « *Gran Turismo*, par la face nord », *Amusement*, n° 9, août-octobre 2010.

2. TRICLOT (Mathieu), *Philosophie des jeux vidéo*, Zones, 2011.

3. CHEMIN (Anne), interview de Vincent Berry, « Derrière le jeu vidéo, c'est toute notre culture ludique qui s'est transformée », *Le Monde*, 21 décembre 2012.

4. TISSERON (Serge), *Qui a peur des jeux vidéo ?*, Albin Michel, 2008.

5. CARIO (Erwan), *Start! La grande histoire des jeux vidéo*, La Martinière, 2011.

6. CARIO (Erwan), *ibid.*

7. *In* BENTEJAC (Gabrielle), « Faire des folies avec son corps », *Usbek & Rica*, n° 2, automne 2010.

8. ANDERSON (Sam), « Just one more game », *The New York Times*, 4 avril 2012, article paru dans *Courier International* n° 1157 sous le titre : « Allez, une dernière petite partie. »

9. ANTHROPY (Anna), *Rise of the Videogame Zinesters: How Freaks, Normals, Amateurs, Artists, Dreamers, Drop-outs, Queers, Housewives, and people like you are taking back an art form*, Seven Stories Press, 2012.

10. POSTMAN (Neil), *The Disappearance of Childhood*, Vintage Press, 1982 ; Random House, 1994. Traduit de

l'américain par J. Chambert et J. Piveteau, *Il n'y a plus d'enfance*, INSEP, 1983.

11. Kiley (Dan), *The Peter Pan Syndrome: Men who have never grown up*, Aven Books, 1983. Traduction française : *Le Syndrome de Peter Pan : ces hommes qui ont refusé de grandir*, Odile Jacob, 1996.

12. Ichbiah (Daniel), *La Saga des jeux vidéo*, First, 1997 ; Pocket, 1998 ; nouvelle édition Pix'n Love, 2009.

13. Source : étude de l'institut GFK, juillet 2013.

14. Syndicat national du jeu vidéo (SNJV), 2012.

15. Entertainment Software Association (ESA), 2012.

16. Le projet de recherche fondamentale Ludespace regroupe une dizaine de chercheurs français, issus de disciplines variées. Il a pour principal objectif de cartographier la pluralité des pratiques vidéoludiques en France. Les résultats de cette étude seront dévoilés en 2014.

17. Cavaroc (Vincent), « Game older : les seniors prennent la balle au bond », *gaite-lyrique.net*, 22 novembre 2011.

18. Chemin (Anne), « Derrière le jeu vidéo, c'est toute notre culture ludique qui s'est transformée », art. cité.

19. SNJV, 2012.

20. *In* Grondin (Anaëlle), « Jeux vidéo : de plus en plus de femmes aux manettes », *20 minutes*, 27 mars 2012.

21. Séguret (Olivier) « God of War: plaies et boss », *Libération*, 18 mars 2013.

22. L'Institut de l'audiovisuel et des télécommunications en Europe (IDATE) est un think tank spécialisé dans l'économie numérique.

23. Mar_Lard, « Joystick : apologie du viol et culture du machisme », blog *çafaitgenre.org*, 18 août 2012.

24. Mar_Lard, « Sexisme chez les *geeks* : pourquoi notre communauté est malade et comment y remédier », blog *çafaitgenre.org*, 16 mars 2013.

25. « Les gameuses se révoltent contre le sexisme », *l'essentiel.online*, 6 août 2012.

26. Hofstede (Peter), « Le gaming pour les filles : un immense filon encore inexploité par le secteur du jeu vidéo », *Huffingtonpost.fr*, 6 novembre 2012.

27. *In* Narcisse (Evan), « Father hacks *Zelda* for his daughter, makes Link a girl », *kotaku.com*, 11 août 2012.

28. SNJV, 2012.

29. Cario (Erwan), *Start!*, *op. cit.*

30. *In* Séguret (Olivier), « Micro, c'est déjà trop », *Libération*, 3 mars 2013.

31. Mauco (Olivier), « L'avenir du jeu vidéo est dans la création, pas dans la technologie », *Le Monde*, 2 mai 2013.

32. Nayebi (Jean-Charles), *Enfants et adolescents face au numérique*, Odile Jacob, 2010.

33. SNJV, 2012.

34. Checola (Laurent), interview de Viktor Antonov, « Le dessin, la parole, l'écriture sont ce qui coûte le moins cher dans la production d'un jeu », blog Playtime, *lemonde.fr*, 8 octobre 2012.

35. IDATE, 2012.

36. IDATE, 2012.

37. Antonelli (Paola), « Video Games: 14 in the Collection, for Starters », *moma.org*, 29 novembre 2012.

38. Jones (Jonathan), « Sorry MoMA, video games are not art », guardian.co.uk, 30 novembre 2012.

39. Crawford (Chris), *The Art of Computer Game Design*, McGraw-Hill/Osborne Media, 1984.

40. Ichbiah (Daniel), *La Saga des jeux vidéo*, *op. cit.*

41. Jones (Jonathan), *loc. cit.*

42. Triclot (Mathieu), *Philosophie des jeux vidéo*, *op. cit.*

43. *In* Martens (Todd), « For composers, video games are the surreal land of opportunity », *Los Angeles Times*, 28 septembre 2012.

44. Aubert (Magali), « Zelda aussi belle que la *Joconde* », *Standard*, 3 février 2011.

45. *In* Rose (Frank), *Buzz. Avatar, Lost, GTA : le monde de demain est déjà là !*, Sonatine, 2012.

46. Maeda (John), « Videogames *do* belong in the MoMA », *Wired*, 4 décembre 2012.

47. *In* Dupuy (Julien), « Cinématiques », in *Trois Couleurs*, hors-série n° 7 *Game Stories. L'histoire secrète du jeu vidéo*, novembre 2011.

48. Attali (Jacques), « Le jeu vidéo est l'avenir du cinéma », *Slate.fr*, 9 juin 2009.

49. Rose (Frank), *Buzz*, *op. cit.*

50. Coville (Marion), interview d'Éric Maigret, « L'essentiel de la pratique du jeu vidéo est totalement détaché des institutions et de la supposée grande culture », blog Playtime, *lemonde.fr*, 3 avril 2012.

51. Le Diberder (Alain et Frédéric), *Qui a peur des jeux vidéo ?*, La Découverte, 1993.

52. Aubert (Magali), « Zelda aussi belle que la *Joconde* », *loc. cit.* Entretien Marguerita Balzerani – Éric Viennot.

53. Gallois (Claire), « Jeux vidéo : permis de tuer », *Le Point*, 27 novembre 2012.

54. « L'enfant et les écrans », avis de l'Académie des sciences, 17 janvier 2013. Publié aux éditions Le Pommier.

55. Virole (Benoît), *Du bon usage des jeux vidéo et autres aventures virtuelles*, Hachette Littératures, 2003.

56. Cunningham (Scott), Engelstätter (Benjamin) et Ward (Michael R.), « Understanding the effects of violent video games on violent crimes », Social Science Research Network : http://papers.ssrn.com/sol3/papers.cfm?abstract_id=1804959, 7 avril 2011.

57. Sternheimer (Karen), « Do video games kill? », *theesa.com*, http://www.theesa.com/facts/STERNHEIMERCONTEXTSARTICLE.pdf

58. *In* Chemin (Anne), interview de Vincent Berry, « Derrière le jeu vidéo, c'est toute notre culture ludique qui s'est transformée », art. cité.

59. Syndicat des éditeurs de logiciels de loisirs (SELL), 2012.

60. Urman (Valérie), « Des jeux vidéo toujours plus violents », *Le Parisien*, 18 août 1999, *in* Lenhard (Gentiane), *Faut-il avoir peur des jeux vidéo ?*, ESF, 1999.

61. Kalning (Kristin), « What's so fun about *Grand Theft Auto*? », *nbcnews.com*, 28 avril 2008.

62. Rogerie (Arnaud), entretien avec Vanessa Lalo, « On ne parle pas de l'influence positive des jeux vidéo », *rue89.com*, 17 mai 2012.

63. Matysiak (Jean-Claude) et Valleur (Marc), *Les Pathologies de l'excès. Drogue, alcool, jeux, sexe : les dérives de nos passions*, Jean-Claude Lattès, 2006.

64. *In* Keller (Thierry) et Mao (Blaise), « L'ordinateur nous soulage de façon extraordinaire », *Usbek & Rica*, automne 2012.

65. GFK, 2013.

66. Leroux (Yann), *Les jeux vidéo, ça rend pas idiot !*, ISG/FYP éditions, 2012.

67. Coulombe (Maxime), *Le Monde sans fin des jeux vidéo*, PUF, 2010.

68. Matysiak (Jean-Claude) et Valleur (Marc), *Les Pathologies de l'excès*, *op. cit.*

69. « L'enfant et les écrans », *op. cit.*

70. Leroux (Yann), propos recueillis le 12 mars 2009 par Hubert Guillaud, « Il n'y a pas d'addiction aux jeux vidéo », blog InternetActu, *lemonde*.fr, 12 août 2011.

71. Rushdie (Salman), *Joseph Anton : une autobiographie*, Plon, 2012.

72. Coulombe (Maxime), *Le Monde sans fin des jeux vidéo*, *op. cit.*

73. *In* Rose (Frank), *Buzz*, *op. cit.*

74. Johnson (Steven B.), *Everything Bad Is Good for You: How today's popular culture is actually making us smarter*, Riverhead Trade, 2006. Traduction française : *Tout ce qui est mauvais est bon pour vous : pourquoi les séries télé et les jeux vidéo rendent intelligent*, Privé, 2009.

75. Platon, *La République* (livre VII), *in* Triclot (Mathieu), *Philosophie des jeux vidéo*, *op. cit.*

76. Rose (Frank), *Buzz*, *op. cit.*

77. Tisseron (Serge), *Qui a peur des jeux vidéo ?*, *op. cit.*

78. Leroux (Yann), *Les jeux vidéo, ça rend pas idiot !*, *op. cit.*

79. Craipeau (Sylvie), *La Société en jeu(x). Le laboratoire social des jeux en ligne*, PUF, 2011.

80. Seely Brown (John) et Thomas (Douglas), « You play *World of Warcraft*? You're hired! », *Wired*, avril 2006.

81. Reeves (Byron), Malone (Thomas W.) et O'Driscoll (Tony), « Leadership's online labs », *Harvard Business Review*, mai 2008.

82. ESA, 2012.

83. Berry (Vincent), *L'Expérience virtuelle : jouer, vivre, apprendre dans un jeu vidéo*, Presses universitaires de Rennes, 2012.

84. Leroux (Yann), *Les jeux vidéo, ça rend pas idiot !*, *op. cit.*

85. Online University, 2012.

86. Coulombe (Maxime), *Le Monde sans fin des jeux vidéo*, *op. cit.*

87. Craipeau (Sylvie), *La Société en jeu(x). Le laboratoire social des jeux en ligne*, *op. cit.*

88. Tisseron (Serge), *Qui a peur des jeux vidéo ?*, *op. cit.*

89. Coulombe (Maxime), *Le Monde sans fin des jeux vidéo*, *op. cit.*

90. Shakespeare (William), *Comme il vous plaira* (acte II, scène VII), 1599.

91. Leroux (Yann), *Les jeux vidéo, ça rend pas idiot !*, *op. cit.*

92. *Sparx.org.nz.*

93. « Le jeu vidéo, un antidépresseur efficace ? », *telerama.fr*, 22 novembre 2007.

94. Hampton (Tracy), « Could video games make better surgeons? », *boston.cbslocal.com*, 12 mars 2013.

95. Dreifus (Claudia), « How video games could improve our vision », *The New York Times*, 27 août 2012.

96. Richardin (Anaïs), « Des écoles game over », *OWNI.fr*, 16 avril 2012.

97. « Seth Priebatsch : la couche de jeu au-dessus du monde », *ted.com*, août 2010.

98. *In* Beria (Pascal), « Le jeu, nouvelle voie d'accès à la connaissance ? », *Tank*, été 2012.

99. *In* Covo (Olivier), « Le jeu, nouvel espace de relations sociales », *Tank*, été 2012.

100. Schmoll (Patrick), « Jeux sans fin et société ludique », *in* Craipeau (Sylvie), Genvo (Sébastien) et Simonnot (Brigitte), *Les Jeux vidéo au croisement du social, de l'art et de la culture*, Presses universitaires de Nancy, 2010.

101. Dumazedier (Joffre), *Vers une civilisation du loisir ?*, Seuil, 1962.

102. Bourdieu (Pierre), *La Distinction : critique sociale du jugement*, Minuit, 1979.

103. Covo (Olivier), « Le jeu, nouvel espace de relations sociales », *loc. cit.*

104. *In* Anderson (Sam), « Just one more game », art. cité.

105. McGonigal (Jane), *Reality Is Broken: why games make us better and how they can change the world*, Penguin Books, 2011.

106. « Crystal structure of a monomeric retroviral protease solved by protein folding game players »,

nature.com, http://www.nature.com/nsmb/journal/v18/n10/full/nsmb.2119.html

107. Leroux (Yann), *Les jeux vidéo, ça rend pas idiot !*, *op. cit.*

108. Huizinga (Johan), *Homo ludens – Essai sur la fonction sociale du jeu*, Gallimard, 1951.

109. Triclot (Mathieu), *Philosophie des jeux vidéo*, *op. cit.*

110. Castronova (Edward), « Virtual Worlds: a first-hand account of market and society on the cyberian frontier », CESifo Working Paper *Series* n° 618, décembre 2001. http://papers.ssrn.com/sol3/papers.cfm?abstract_id=294828

111. Coulombe (Maxime), *Le Monde sans fin des jeux vidéo*, *op. cit.*

112. Cario (Erwan), *Start!*, *op. cit.*

Dans la même collection

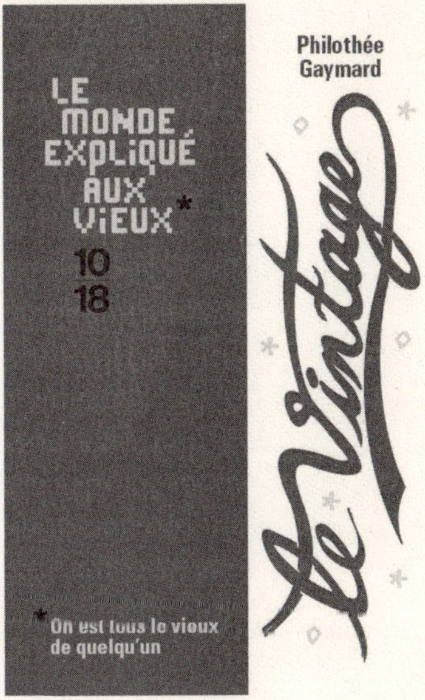

6.60 euros / n°4760

Nostalgique, passéiste, rétrograde, le vintage ? Alors que la fascination pour l' « ancien » semble tout envahir (mode, design, musique, cinéma, publicité...), on l'assimile volontiers à la peur de l'avenir. Pourtant, le vintage jette des ponts entre passé, présent et futur, explore de nouvelles formes de créativité et affirme les valeurs de ce début de XXIe siècle, nous explique Philothée Gaymard.

MIXTE
Papier issu de sources responsables
FSC® C003309
FSC
www.fsc.org

10/18, une marque d'Univers Poche,
est un éditeur qui s'engage pour
la préservation de son environnement
et qui utilise du papier fabriqué à partir
de bois provenant de forêts gérées
de manière responsable

Imprimé en France par

MAURY IMPRIMEUR
à Malesherbes (Loiret)
en septembre 2013

N° d'impression : 184660
Dépôt légal : octobre 2013
X06162/01